Ragnar-lodbroks-saga, Und Norna-gests-saga...

Anonymous

33
14
2

Nordische

Heldenromane.

Uebersetzt

durch

Friedrich Heinrich von der Hagen.

Fünftes Bändchen.

Breslau,

im Verlage von Josef Max und Komp.

1828.

Ragnar = Lodbroks = Saga,

und

Norna = Gests = Saga.

Uebersetzt

durch

Friedrich Heinrich von der Hagen.

Breslau,
im Verlage von Josef Max und Komp.
1828.

Dem

Herrn Professor K. Ch. Rafn

in

Kopenhagen

freundlich zugeeignet.

———————

Ragnar Lodbroks-Saga.

---

[1]

Saga

von

Ragnar Lodbrok
und seinen Söhnen.

Erstes Kapitel.

Von dem Lindwurme Thora's Vorgarhjort.

Herraud hieß ein mächtiger und berühmter
Jarl in Gautland *); er war vermählt, und
hatte eine Tochter, namens Thora, die schönste
aller Jungfrauen, und die trefflichste in allerlei
Geschicklichkeiten, welche besser ist zu haben, als
zu entbehren. Man gab ihr den Beinamen Vor-
garhjort **), weil sie eben so alle Frauen über-
traf, wie der Hirsch die andern Thiere. Der

---

*) Nach Suhms Dän. Gesch. I, 296. Ost-Goth-
land im jetzigen Schweden.

**) Wörtlich: Burg-Hirsch.

1*

Jarl liebte seine Tochter sehr: er ließ ihr einen Zwinger bauen, nicht fern von dem Königs-Saale, und dieser Zwinger war mit einem Zaun umgeben. Der Jarl hatte die Gewohnheit, seiner Tochter jeden Tag etwas zur Ergötzung zu senden, und er gelobte, solches fortwährend zu thun. Also wird erzählt, daß er ihr eines Tages einen kleinen Lindwurm bringen ließ, der außermaßen schön war. Dieser Wurm gefiel ihr sehr, sie setzte ihn deßhalb in einen Käfig, und legte Gold unter ihn *). Nicht lange war er darin, da wuchs er mächtig, und das Gold mit ihm: so geschah es, daß er bald nicht mehr Raum in dem Käfig hatte, er legte sich also im Ringe außen um den Käfig. Aber es kam fürder dahin, daß ihm auch der Zwinger zu enge ward, während das Gold unter ihm zugleich mit ihm wuchs. So lag er nun draußen rings um den Zwinger, so daß Schwanz und Kopf sich berührten. Und

*). So lag auch Fafner als Lindwurm auf dem Horte. Volsunga-Saga, Kap. 23.

es war gefährlich, ihm zu nahen; niemand wagte, aus Furcht vor dem Lindwurme, zu der Kammer zu kommen, außer dem einen, der ihm zu fressen brachte; er verzehrte aber einen Ochsen auf ein Mal.

Den Jarl verdroß nun dieser Schade sehr, und er verhieß feierlich, dem Manne, wer er auch immer sei, seine Tochter zu geben, der den Lind-wurm todt schlüge; und das Gold, so unter ihm läge, sollte ihr Mitgift sein. Diese Kunde ver-nahm man weit und breit im Lande, dennoch erdreistete sich keiner, den großen Wurm zu be-stehen.

Zweites Kapitel.

Von Ragnar Lodbrok.

Zu der Zeit herrschte über Dänmark Si-gurdh Hring *); er war ein mächtiger König und berühmt durch die Schlacht, die er gegen Harald Hildetann auf Bravalla **) focht,

---

*) Vg. Norna-Gests-Saga, Kap. 6.

**) Eine auch in alten Nordischen Liedern berühmte

und worin Harald vor ihm fiel, wie kund worden
ist über die ganze Nordhälfte der Welt.

Sigurdh hatte einen Sohn, der Ragnar
hieß; derselbe war groß von Wuchse, schön von
Antlitz, und mit Mutterwitz begabt; dabei groß-
müthig gegen seine Mannen, aber grimmig gegen
seine Feinde. Sobald er das Alter dazu hatte,
verschaffte er sich ein tapferes Gefolge und mehrere Kriegsschiffe, und ward der gewaltigste Kriegs-
mann, so daß es kaum seinesgleichen gab. Er
vernahm auch die Verheißung, welche der Jarl
Herraud gegeben hatte, that jedoch, als wenn er
darauf nicht achtete, ja als wüßte er gar nichts
davon. Er ließ sich aber Kleider von wunderli-
cher Art machen, nämlich, Lodder-Hosen *) und

Schlacht, in welcher neben Sigurdh und dem Dä-
nenkönige Harald die bedeutendsten Nordischen Helden und Stämme jener Zeit auftreten. Die Bra-
valla-Heide liegt in Smaaland. s. Suhm II,
277.

*) Von dieser Kleidung bekam Ragnar den Beina-
men Lod-brok, d. h. Lodder-Hose, der ihm
weiterhin, ohne Erklärung, beigelegt wird.

eine Lodder-Kappe; und als beide fertig waren, ließ er sie in Pech sieden, und sodann här-
tete er sie.

Nun fuhr er eines Sommers mit seinem
Heere gen Gautland, und legte seine Schiffe in
einer versteckten Bucht an, nicht weit von dem
Gebiete des Jarls. Dort blieb Ragnar eine
Nacht, und am folgenden Morgen stand er früh
auf, nahm die vorgedachte Kleidung, legte sie an,
und nahm einen großen Spieß in seine Hand; so
ging er heimlich von dem Schiffe nach einer
Sandbank, und wälzte sich da im Sande. Ehe
er fürder ging, zog er den Speer-Nagel aus seinem Schafte; dann schritt er allein nach dem
Thore der Burg, über welche der Jarl gebot,
und kam so früh am Tage dahin, daß alle Leute
noch im Schlafe lagen. Da wandte er sich zu
dem Zwinger, und als er an den Pfahlzaun kam,
darin der Lindwurm lag, stach er sogleich mit
seinem Spieß auf ihn, und zog den Spieß wieder heraus. Er wiederholte den Stoß, und traf
ihn in den Rücken: der Lindwurm krümmte sich

so gewaltig, daß die Spitze von dem Schafte brach; und in seinem Todeskampfe machte er ein furchtbares Getöse, daß der ganze Zwinger davon erbebte. Ragnar wandte sich weg: da sprang ein Blutstrahl von dem Lindwurm ihm zwischen die Schultern, jedoch schadete es ihm nicht, so schützten ihn die Kleider, die er sich hatte machen lassen.

Aber die in dem Zwinger waren, erwachten von dem Getöse, und gingen heraus vor die Thür. Da siehet Thora einen großen Mann draußen vor dem Zwinger, und frägt ihn um den Namen, oder zu wem er wolle.

Er stand still, und sang dieses Lied.

„Ich wagt' das liebe Leben,   1.
Lichtfarb weiße Jungfrau,
Schlug den Fisch des Feldes, *)
Funfzehn Winter zählend.

---

*) Den Lindwurm.

Tod soll schleunig treffen
Selbst mich, dringt nicht tief zum
Herzen das Speereisen
Dem Ringel-Lachs der Heide." *)

Da ging er hinweg, und sprach nicht mehr zu ihr. Aber die Spitze blieb in der Wunde stecken, und er nahm den Schaft mit sich.

Als sie nun dieses Lied gehört hatte, verstand sie ... daß er ihr von seiner That sagte, Deßgleichen, wie alt er war; und sie bedachte bei sich, wer er sein möchte: sie konnte aber nicht gewiß werden, ob er ein Mensch wäre, oder nicht, dieweil ihr sein Wuchs so groß vorkam, wie die Ungethüme geschildert werden, zumal bei dem Alter, worin er war. Sie begab sich hierauf wieder in den Zwinger und legte sich schlafen.

Als nun die Leute am Morgen hinaus kamen, wurden sie gewahr, daß der Wurm todt war: er war mit einem großen Spieße durchsto-

*) Der Lindwurm.

chen, welches noch in der Wunde stak. Da ließ
der Jarl daſſelbe hinausziehen, und es war ſo
groß, daß es wenigen handrecht war. Da gedachte der Jarl daran, was er dem Manne verheißen hatte, der den Wurm todt ſchlüge, und
war ungewiß, ob ein Menſch dieß vollbracht
hätte, oder nicht. Er berieth ſich deßhalb mit
ſeinen Freunden und ſeiner Tochter, wie er dem
nachforſchen ſollte. Man meinte, daß der ſchon
von ſelber ſeinem verdienten Lohne nachtrachten
werde, der dafür gearbeitet habe. Sie aber rieth,
eine möglichſt zahlreiche Verſammlung berufen zu
laſſen, und zu entbieten, daß alle dahin kommen
ſollten, die nicht den Zorn des Jarls erfahren
wollten, und wer nur irgend im Stande wäre,
die Verſammlung beſuchen: „und wenn einer
darunter iſt, der ſich die Todeswunde des Dra-
chen zueignet, der ſoll den Schaft mit bringen,
der zu dem Spieße gehört.“

Dieſes ſchien dem Jarl gut, und er ließ ſogleich eine Verſammlung berufen. Und als der
dazu beſtimmte Tag kam, erſchien der Jarl und

viele andere Häuptlinge, so daß die Versammlung sehr zahlreich war.

Drittes Kapitel.

Ragnar gewinnt Thora Borgarhjort.

Nun vernahm man auch auf Ragnars Schiffen, daß nicht weit davon die Versammlung berufen war, da ging Ragnar mit fast allen seinen
Leuten von den Schiffen ebendahin. Als sie ankamen, stellten sie sich etwas abgesondert von den
andern Männern; denn Ragnar sah nun, daß
eine größere Volksmenge, als gewöhnlich, dahin
gekommen war.

Da stund der Jarl auf, gebot Stille und hub
an zu reden; er sagte den Männern Dank dafür, daß sie sein Aufgebot so willig befolgt hätten, und erzählte darauf die Begebenheit, die sich
zugetragen: zuförderst davon, was er dem Manne
verheißen, der den Lindwurm erschlüge; sodann,
daß der Wurm nun todt sei, und daß derjenige
den Spieß in der Wunde habe stecken lassen, der
diese Heldenthat vollbracht: „Und wenn nun

jemand in dieser Versammlung ist, der den Schaft
hat, so zu diesem Spieße gehört, der bringe ihn
vor und bewähre so seine Aussage: so will ich
alles das erfüllen, was ich verheißen habe, sei er
nun von höherem, oder von niederem Range."

Und er beschloß seine Rede damit, daß er
den Spieß vor jedermann in der Versammlung
hintragen ließ, und jeden aufforderte, hervorzu=
treten, der sich diese That zueignete, oder den
Schaft hätte, der hiezu paßte.

Das geschah; doch fand sich keiner, der den
Schaft hatte.

Endlich kam man auch zu Ragnar, und zeigte
ihm den Spieß: und er behauptete, daß derselbe
ihm zugehöre; und siehe, es paßte eins zum an=
dern, der Spieß und der Schaft. Da waren Alle
überzeugt, daß Ragnar den Lindwurm getödtet
habe: und er ward durch diese That gar hoch
berühmt im ganzen Nordlande.

Er bat nun um Thora, die Tochter des
Jarls; dieser nahm es wohl auf, sie ward ihm
zur Frau gegeben, und zu ihrer Vermählung ein

großes Gaſtmahl angeſtellt, mit den beſten Mit-
teln, welche das Reich darbot.

Als die Hochzeit zu Ende war, fuhr Ragnar
heim zu ſeinem Reiche, und herrſchte daſelbſt.
Er liebte Thora ſehr, und hatte mit ihr zwei
Söhne; der ältere hieß Eirek, und Agnar
der jüngere. Beide waren groß von Wuchſe und
ſchön von Anſehen; dabei waren ſie viel ſtärker,
als die meiſten anderen Männer, ſo damals leb-
ten, und lernten allerlei Geſchicklichkeiten.

Da geſchah es eines Tages, daß Thora ſich
ſiech fühlte, und ſie verſchied in dieſem Reich-
thume. Ragnarn war ihr Verluſt ſo ſchmerzlich,
daß er keine andere Frau nehmen wollte. Und
er beſtellte andere Männer mit ſeinen Söhnen zu
Reichsverweſern: er aber ergriff ſeine frühere
Lebensweiſe wieder, und begab ſich auf Heerfahrten; und überall, wohin er fuhr, gewann er
den Sieg.

Viertes Kapitel.

Ragnar fährt gen Norwegen, und findet dort
Aslaug *).

Da geschah es eines Sommers, daß Ragnar
mit seinen Schiffen gen Norwegen fuhr; denn
er hatte da manche Verwandte und Freunde, und
wollte die besuchen. Er kam mit seinen Schiffen
am Abend in einen Hafen, nicht weit von dem
Gehöfte, das Spangarheide **) hieß; und
sie lagen in dem Hafen die Nacht.

Als der Morgen kam, mußten die Küchenknechte ans Land gehen, Brot zu backen. Da
sahen sie, daß ein Gehöft nicht weit von ihnen
stand, und es deuchte ihnen bequemer, dahin zu
gehen und dort ihre Arbeit zu verrichten. Und
als sie zu diesem kleinen Gehöfte kamen, da trafen sie ein altes Weib an, und fragten sie, ob sie
die Hausfrau wäre, oder wie sie hieße.

---

*) Hier schließt sich die Geschichte an das Ende der
Volsunga-Saga.

**) Eine Landzunge unweit Lindisnaes.

Sie antwortete, sie wäre die Hausfrau: „und mein Name ist ungewöhnlich, ich heiße Grima: aber wer seid ihr?"

Sie antworteten, sie wären Dienstmannen Ragnar Lodbroks, und wollten dort ihre Arbeit verrichten: „und wir wollen, daß du uns dabei helfest."

Die Alte antwortete, ihre Hände wären schon zu steif dazu: „obgleich ich zuvor sowohl an Schönheit, als an Geschicklichkeit in allen Dingen, so eine Hausfrau zumeist empfehlen, hinter keiner zurückstand. Aber ich habe eine Tochter, die euch dabei behülflich sein kann, und sie muß bald heim kommen. Sie heißt Kraka, und es ist nun dahin gediehen, daß ich kaum mit ihr auskommen kann."

Unterdessen hatte Kraka am Morgen das Vieh auf die Weide getrieben, und sah, daß mehrere große Schiffe ans Land gekommen waren; da ging sie hin und wusch sich: die Alte aber hatte ihr das verboten, und wollte nicht, daß man ihre Schönheit sähe; denn sie war die schönste

der Jungfrauen, und ihr Haar war so lang, daß
es rings um sie die Erde berührte, und so schön
wie Seide.

Hierauf kam Kraka heim. Die Küchenknechte
hatten schon Feuer gemacht; und Kraka erblickte
da Männer, welche sie zuvor nie gesehen hatte.
Sie betrachtete sie, und jene betrachteten sie nicht
minder, und fragten dann Grima:

„Ist diese da beine Tochter, die schöne
Maid?"

„Das ist ungelogen," antwortete Grima,
„daß sie meine Tochter ist." —

„Gar ungleich seid ihr einander," sagten
jene; „du bist so scheußlich und bäurisch: dagegen haben wir nimmer eine so schöne Maid gesehen, als sie, und keineswegs erkennen wir dein
Ebenbild in ihr; denn du bist das größte Scheu-
sal."

Grima antwortete: „Man kann es freilich
nicht mehr an mir sehen, weil mein Antlitz sich
verändert hat, daß ich vormals allen andern

Jungfrauen vorgezogen wurde, sowohl an Schön=
heit, als an anderen guten Eigenschaften."

Hierauf verlangten jene, daß Kraka ihnen
helfen sollte. Sie fragte, was sie thun sollte.
Jene baten sie, den Teig zu knäten, sie selber
wollten dann das Brot backen. Kraka zeigte nun
ihr Geschick, und verrichtete alles wohl. Jene
aber schauten allezeit auf sie, so daß sie nicht ih=
res Geschäfts wahrnahmen, und verbrannten das
Brot.

Nachdem sie ihr Werk vollendet hatten,
kehrten sie nach den Schiffen zurück. Als sie hier
nun die Speise auftrugen, sagten alle, daß die
Knechte niemals so schlecht gebacken hätten, und
Züchtigung dafür verdienten. Da fragte Ragnar,
wo sie das Brot gebacken. Sie antworteten, sie
hätten dort eine so schöne Jungfrau gesehen, daß
sie nicht ihres Geschäftes wahrgenommen; auch
meinten sie, daß es keine schönere auf der Welt
gäbe. Und als sie so viel von ihrer Schönheit
erzählten, sagte Ragnar, er wisse doch, daß sie
nicht so schön sein könne, als Thora gewesen

2

wäre. Jene erklärten sie für nicht minder
schön.

Da sprach Ragnar: „So will ich Männer
hin senden, die es genau beurtheilen können, ob
dem so ist, wie ihr saget: sie werden euch derbe
Züchtigung und schwere Strafe zuwege bringen." *)

Sogleich sandte er Männer aus nach dieser
schönen Maid: jedoch war das Unwetter so graß,
daß sie denselben Tag nicht ans Land fahren
konnten. Ragnar aber sagte zu seinen Send-
männern:

„Wenn diese Jungfrau euch so schön erscheint, wie uns gesagt ist, so bittet sie, zu mir
zu kommen; denn ich will sie sehen, sie soll mein

---

*) Rafn übersetzt hier: „und wenn dem so ist, wie
ihr erzählet, so soll euch diese Unachtsamkeit ver-
ziehen sein: wenn das Mädchen aber in irgend
einer Hinsicht nicht so schön ist, wie ihr berichtet
habt, so soll schwere Strafe und Züchtigung euch
treffen." In den Lesarten wird jedoch diese Ab-
weichung nicht bemerkt.

werden: Sie soll aber, weder bekleidet, noch unbekleidet, kommen, weder gespeiset, noch nüchtern; sie komme nicht allein, und doch soll auch kein Mensch sie begleiten."

Darauf fuhren sie hin, und kamen zu dem Hause; sie betrachteten Kraka aufmerksam, und da däuchte ihnen dieses Weib so schön, daß es nicht ihresgleichen gäbe.

Sie verkündigten nun ihres Herren Botschaft, und wie der König gesagt hätte, daß sie angethan sein sollte.

Kraka sann dem nach, was der König gesagt hatte, und wie sie sich bereiten sollte. *) Aber Grima meinte, daß solches unmöglich wäre, und sagte, sie sähe wohl, daß der König nicht bei Sinnen wäre.

Kraka antwortete: „Er hat solches gesprochen, das wohl geschehen mag, wenn wir nur

---

*) Dieser Satz fehlt in Björners Text, steht aber in seiner, wie in Rafns Uebersetzung.

verstehen, was er dabei im Sinn hat. Aber keineswegs kann ich heute mit euch fahren, sondern
morgen früh werde ich zu euren Schiffen kommen."

Hierauf fuhren sie wieder zu den Schiffen,
und sagten Ragnarn, wie es sich verhielte, und
daß sie zu ihm kommen werde.

Kraka blieb nun die Nacht noch daheim.
Aber am Morgen früh sagte sie zu der Alten,
daß sie nun zu Ragnar gehen wolle: „jedoch
muß ich meinen Anzug etwas verändern: du hast
ein Fischnetz, das will ich mir umwinden, darüber laß ich mein Haar fallen, und so bin ich
keineswegs nackt. Dann will ich ein wenig Lauch
genießen; das ist eine geringe Speise, gleichwohl
kann es anzeigen, daß ich gegessen habe. Endlich
soll dein Hund mir folgen, so komme ich nicht
allein, dennoch begleitet mich kein Mensch."

Und als die Alte ihr Vorhaben hörte, däuchte
ihr das ein kühnes Unternehmen.

Als Kraka nun gerüstet war, ging sie hinweg
und kam zu den Schiffen: und sie war schön an-

zusehen, und ihr Haar hing frei nieder und glänz-
te, wie Gold. Da rief Ragnar ihr zu, und
fragte, wer sie wäre, und zu wem sie wollte.
Sie antwortete, und sang dies Lied:

> „Brechen nicht durft’ dein Gebot ich,   2.
> Als du mich batest zu kommen;
> Näsirs *) Räthsel lösend,
> Nah’ ich mich dir, Ragnar:
> Nahrung nicht entbehr’ ich;
> Nackt ist meine Haut nicht;
> Gut bin ich begleitet,
> Gleichwohl komm’ allein ich.“

Da sandte Ragnar ihr Männer entgegen, sie
auf sein Schiff zu führen. Sie aber weigerte
sich, zu kommen, bevor ihr und ihrem Gefährten
sicheres Geleite gegeben wäre. Da ward sie
zu des Königs Schiffe geführt; und als sie so

---

*) Näsir ist einer von den ersten neun Söhnen
Halfdans des Alten (von dessen zweiten neun
Söhnen die Budhlungen und Glukungen oder
Niflungen stammen), welche alle, zugleich geboren, im Kampfe, ohne Nachkommenschaft, fielen;
deren Namen aber so berühmt sind, daß sie dichte-
risch für König und Held stehen. Vgl. Str. 4.

nahe kam, streckte er ihr den Arm entgegen, aber
der Hund biß ihn in die Hand. Ragnars Mannen liefen hinzu und schlugen den Hund, warfen
ihm einen Bogenstrang um den Hals, und er-
würgten ihn: besser ward ihr das sichere Geleit
nicht gehalten.   Hierauf führte Ragnar sie in
seinen Oberraum, und koste mit ihr; sie behagte
ihm wohl, und er war freundlich gegen sie, und
sang dieß Lied:

> „Liebesfreudig   bin   ich,
> Vogt *)   der   Vater-Erde,
> Die schön Maid ermuntr' ich,
> Mit Armen mich zu umschlingen."

Sie sang darauf:

> „Schmachfrei sollt du,   Vogte,   mich, —
> Willt   den   Frieden   du halten, —
> Die, Hilmir **), hier dich besuchet,
> Hinnen fahren lassen."

Fünftes Kapitel.
Ragnar nimmt Aslaugen.

Da sagte er, daß sie ihm wohl gefiele, und
verlangte, daß sie mit ihm fahren sollte. Sie

---

*) Vogt, für Fürst, König.
**) Hilmir ist ein Bruder Rästrs, Str. 2.

erwiederte, das ginge nicht an. Da bat er sie, die Nacht dort auf dem Schiffe zu bleiben. Sie aber sagte, das könnte nicht geschehen, bevor er heim käme von der Fahrt, welche er sich vorgenommen hätte: „und vielleicht seid ihr dann anderes Sinnes."

Da rief Ragnar seinen Kämmerer, und gebot ihm, das Kleid, welches Thora getragen hatte, und ganz goldbesäumet war, herbei zu bringen. Dieses bot Ragnar Kraka'n mit folgenden Worten dar: *)

> „Willt du dieß hier nehmen,   4.
> Das Thora Hjort gehörte,
> Dieß Kleid, geziert mit Silber,
> Ziemt dir wohl zu tragen.
> Ihre weißen Hände
> Dieß Gewand berührten;

---

*) Den Grund, daß Ragnar ihr sogleich dieß Kleid bietet, hat noch das Faröer Lied von Ragnar (in Müllers Ausgabe S. 330) behalten, wo Thora sterbend Ragnarn empfiehlt, nur um die Jungfrau zu werben, der ihre (Thora's) Kleider passen.

Sie, Volkes Trost, und Budhlungs *)
Traut bis zu dem Tode."

Kraka sang dagegen:

"Nicht darf ich dieß hier nehmen. 5.
Das Thora Hjort gehörte,
Dieß Kleid, geziert mit Silber,
Ziemt mir nicht zu tragen;
Denn ich heiße Kraka, **)
In kohlschwarzem Kleide,
Ging oft übern Grieß ich,
Am Strand die Geißen hütend.

Ich will fürwahr das Kleid nicht nehmen," fügte sie hinzu, "und diesen Putz nicht anlegen, dieweil ich hier bei der Alten bin. Kann sein zwar, daß ich euch besser gefalle, wenn ich besser gekleidet bin. Jetzo will ich heim fahren. Du aber magst, bei deiner Wiederkehr, Männer nach

---

*) Von Budhli, einem der anderen neun Söhne Halfdans des Alten, werden alle Helden-Könige poetisch Budhlung genannt. Aus diesem Stamm ist Brynhild, Aslaugs Mutter, und Atli (s. Volsunga-Saga, Kap. 36), unser Etzel, Botelungs Sohn. Vgl. zu Str. 2.

**) Kraka bedeutet Krähe.

mir schicken, wenn du alsdann noch ebenso gegen mich gesonnen bist, und noch willst, daß ich mit dir fahre."

Ragnar antwortete, daß sein Sinn sich nicht ändern würde. Und sie fuhr heim, jene aber setzten, sobald der Wind günstig war, ihre Fahrt fort, und Ragnar vollführte sein Unternehmen, wie er sich vorgesetzt hatte.

Und auf der Rückkehr legte Ragnar in demselben Hafen an, wo er zuvor gelegen hatte, als Kraka zu ihm kam. Noch denselben Abend saudte er Männer zu ihr, um ihr des Königs Gruß zu entbieten, daß sie nun allerdings mitfahren sollte. Sie aber weigerte sich, eher zu fahren, als am nächsten Morgen.

Kraka stund früh auf, trat ans Bette der beiden Alten, und fragte, ob sie wacheten. Sie bejahten es, und fragten, was sie wollte. Sie aber sagte, sie wolle nun von hinnen, und nicht länger dort bleiben:

"Aber ich weiß, daß ihr Heimire, meinen Pflegevater, erschlagen habt, und niemand hat

um mich bösern Lohn verdient, als ihr, jedoch
will ich euch kein Leid anthun lassen, weil ich so
lange bei euch gewesen bin. Aber den Fluch will
ich euch nun zurücklassen, daß jeder Tag, so über
euch kommt, euch schlimmer sei, als der vorige,
und am schlimmsten der letzte. Und nunmehr
müssen wir scheiden."

Damit ging sie hinweg zu den Schiffen, und
wurde dort wohl aufgenommen. Diesen selben
Abend, als es Zeit war, zu Ruhe zu gehen, verlangte Ragnar, daß Kraka das Lager mit ihm
theilen sollte.

Sie antwortete, das könne nicht geschehen:
„sondern ich will, daß du erst den Brautkauf *)
mit mir trinkest, wenn du in dein Reich kömmst,
das dünkt mir meiner würdig, so wie deiner und
auch unserer Erben, wenn wir welche haben."

Er gewährte ihr diese Bitte, und ihre Fahrt

---

*) Weil die Altnordische Ehe, wie noch im Morgen-
lande, ein Kauf war, indem die Braut dem Vater durch Geschenke abgekauft wurde, welche die
Braut erhielt: Morgengabe.

ging glücklich von statten. Als Ragnar nun daheim war in seinem Lande, wurde ein köstliches Gastmahl für ihn bereitet, und dabei sogleich der Willkommen zur Heimkehr und der Brautkauf mit Aslaug getrunken. Und am ersten Abend, als Ragnar und Aslaug ein Bette bestiegen, wollte er sie, als seine Ehefrau, umarmen; sie aber entwand sich ihm: „denn ich sage dir, daß unser Kind etwas davon tragen wird, wenn ich nicht meinen Willen habe."

Ragnar erwiederte, er glaube nicht daran; auch wäre der alte Kerl und das alte Weib dort nicht so vorkundig gewesen; dann fragte er, wie lange es denn noch so währen sollte. Da sang sie:

„Noch drei Nächte sollen   6.
Keusch wir neben einander
Ruhn im hohen Saale,
Eh wir den heil'gen Göttern
Opfern; sonst wird schweres
Gebrechen meinem Sohne:
Zu rasch bist du zu zeugen
Den, der kein Gebein hat."

Und obwohl sie dieses sang, so achtete doch Ragnar nicht darauf, sondern vollbrachte seinen Willen.

Sechstes Kapitel.

Von Ragnars Söhnen.

Nun vergingen die Tage, und ihre Ehe war glücklich und ihre Liebe groß. So geschah's, daß Kraka sich siech fühlte; sie kam nieder, und genas eines Sohnes. Und der Knabe ward mit Wasser besprengt, und ihm der Name Ivar gegeben. Aber dieser Knabe war beinlos, und nur Knorpel war überall, wo Gebein sein sollte. In seiner Jugend war er so groß von Wuchse, daß es nirgends seinesgleichen gab. Er war von Ansehn der schönste aller Männer, und dabei so klug, daß es ungewiß ist, ob noch ein klügerer Mann gelebt hat, als er.

Es wurden ihnen noch mehrere Söhne geboren: ihr anderer Sohn hieß Björn, der dritte Hvitserk, und der vierte Rögnvald. Sobald sie tüchtig dazu waren, lernten sie allerhand Geschicklichkeiten, und wurden alle gewaltige und höchst kühne Männer. Und überall, wohin sie fuhren, ließ Ivar sich auf Stangen tragen, weil er nicht gehen konnte, und er mußte ihnen Rath geben, bei allen ihren Unternehmungen.

Nun waren auch Eyrik und Agnar, Ragnars und Thora's Söhne, gewaltige Männer, so daß man kaum ihresgleichen fand; und sie zogen jeden Sommer mit Kriegsschiffen aus, und waren berühmt durch ihre Heerfahrten. Da geschah es eines Tages, daß Ivar mit seinen Brüdern Hvit-serk und Björn redete: wie lange es so fort gehen sollte, daß sie daheim säßen und sich keinen Ruhm erwürben. Beide sagten, sie wollten sei-nem Rathe folgen, hierin wie in anderem.

„So laßt uns den Vater bitten," sagte Ivar, „daß er uns Schiffe und Leute gebe, so mit allem wohl versehen sind; und damit wollen wir uns Gut und Ruhm erwerben, wenn es sich so fügen will."

Nachdem sie dieses unter sich berathen hat-ten, baten sie Ragnar, daß er ihnen Schiffe gäbe

und Leute, die schon versucht, und zu allen Fähr-
lichkeiten gerüstet wären.   Und Ragnar erfüllte
ihre Bitte.

Als nun ihre Mannschaft gerüstet war, fuhren sie vom Lande; und in allen Gefechten, welche sie auf ihrem Zuge bestanden, behielten sie
die Oberhand, und so mehrte sich sehr ihr Gefolge und ihr Gut.

Da sagte Ivar, sie müßten nun dorthin fahren, wo mehr Uebermacht vorhanden wäre, um
daran ihre Tapferkeit zu versuchen. Die anderen
beide fragten, ob er dergleichen wüßte.   Da
nannte er eine Stadt, die hieß Hvitaby *):
„da werden Blutopfer begangen, und mancher
hat schon versucht, sie zu überwinden, aber keiner
sie besiegt. Auch Ragnar ist dorthin gekommen,
hat aber unverrichter Sache wieder abziehen müssen."

„Ist denn darin so viel und so tapferes

---

*) Vielleicht: Withby, an der Ostküste von Nor-
    thumberland.

Volk?" fragten jene, "oder finden sich dort andere Schwierigkeiten?"

Ivar antwortete, dort wäre beides, große Volksmenge und starkes Blutopfer, dadurch wären alle ihre Gegner umgekommen, und keiner hätte Stand halten können. Da sagten sie, er möchte entscheiden, ob sie dorthin fahren sollten, oder nicht.

"Ich will versuchen," beschloß er, "was mehr vermag, unsre Tapferkeit, oder das Blutopfer der Bürger dort."

Siebentes Kapitel.

Ragnars Söhne überwinden Hvitaby, und dort fällt ihr Bruder Rögnvald.

Sie fuhren nun dahin. Und als sie dort ans Land kamen, rüsteten sie sich zum Aussteigen; doch däuchte es ihnen nöthig, daß einige Mannschaft die Schiffe bewachte. Und da ihr Bruder Rögnvald noch jung war, so daß er ihnen so großer Fährlichkeit, als ihnen wahrscheinlich hier bevorstand, noch nicht gewachsen schien, so ließen

fie ihn mit etlicher Mannschaft die Schiffe be-
wachen.

Aber bevor sie ans Land gingen, sagte ihnen
Ivar noch, die Burgmänner hätten zwei Rinder,
nämlich zwei junge Kühe, vor denen noch Alle
entflohen wären, weil niemand ihr Gebrüll und
ihre Zauberei aushalten können. Ivar beschloß
damit:

„Wehret euch aufs tapferste, obschon euch
einige Furcht ankommen wird; denn es bleibt
hier nichts anderes übrig."

Sie schaarten nun ihr Volk, und als sie der
Burg naheten, gewahrten es die Bewohner der
Stadt, und eilten hin, die Rinder auszulösen,
an die sie glaubten. Und sobald die Kühe losgelassen waren, sprungen sie wild hervor und brüll-
ten fürchterlich.

Als Ivar, wie er so auf dem Schilde getragen wurde, dieses sah, gebot er, ihm einen Bogen zu geben. Das geschah, und da schoß er
diese bösen Zauber-Kühe, daß beide todt nieder-
stürzten. Und so waren sie von diesen Ungeheu-

ern erlöset, und von dem Kampfe, davor sie die
meiste Furcht hatten.

Da nahm Rögnvald bei den Schiffen das
Wort, und sprach zu seinen Leuten, wie glückselig
die Männer wären, die solche Lust haben könnten,
wie seine Brüder hätten: „und nichts anderes
bewog sie, mich hier zurückzulassen, als daß sie
allein den Ruhm davontragen wollten. Jetzt aber
wollen wir allzumal ans Land gehen.‟

Das thaten sie; und als sie dem Heere nach-
zogen, war Rögnvald überall der vorderste im
Kampfe, aber es endete damit, daß er fiel.

Die Brüder drangen nun in die Burg, da
begann der Kampf aufs neue, und das Ende war,
daß die Burgmänner die Flucht ergriffen; jene
aber verfolgten die Flüchtigen. Und als sie wieder zur Burg kamen, sang Björn dieses Lied:

„Anstürmten wir mit Heer-Ruf;   7.
Schärfer unser Schwert schnitt,
Fürwahr, als der Feinde
Schwert in Gnypafiörde. *)

---

*) Von dieser Gnypasbay weiß man sonst nichts.

> Jedweder, wie er wollte,
> Hier vor Hvitby konnte
> (Nicht sparten ihre Schwerter
> Die Recken!) Männer schlagen."

Sie nahmen alle fahrende Habe, verbrannten dann alle Häuser in der Burg, brachen die Burgmauern nieder, und fuhren mit ihren Schiffen von dannen.

Achtes Kapitel.

Ragnars Fahrt nach Schweden-Reich.

Damals herrschte über Schweden ein König, der hieß Eistein. Er war vermählt und hatte eine Tochter, mit Namen Ingibjörg, die war die schönste aller Jungfrauen, und die lieblichste von Ansehen. König Eistein war mächtig

---

Der Name erinnert aber an Gnipahellir, die Gnipa-Höhle, wo der Höllenhund Garmr angebunden ist (Snorra-Edda S. 81); und näher an Gnyppaslund, Gnyppa-Wald, in dem Edda-Liede von Helgi, Hjörvards Sohn, wo vermuthlich die Westküste von Schweden gemeint ist. Vgl. Volsunga-Saga, Kap. 17. Gnyppa bedeutet Berggipfel.

und volkreich, dabei klug, jedoch bösartig. Er
hatte seinen Sitz zu Uppsal, und war ein eifri-
ger Opfermann; und in Uppsal waren zu den
Zeiten so starke Blutopfer, daß nirgend in den
Nordlanden ihresgleichen gewesen sind. Sie
glaubten dort auch an eine Kuh, und nannten sie
Sibylja *); derselben wurde so stark geopfert,
daß niemand ihrem Gebrülle widerstehen konnte;
und deßhalb pflegte der König, wenn ein feindliches Heer heran zog, diese Kuh vor die Schaaren
zu stellen; und solche Teufelskraft besaß sie, daß
seine Feinde, sobald sie sie hörten, so verwirrt
wurden, daß sie auf einander schlugen und ihrer
selbst vergaßen. Und deßhalb war Schweden damals von keinen Heerfahrten heimgesucht, weil
niemand sich erdreistete, solche Uebermacht zu
reizen.

König Eistein lebte so in guter Freundschaft
mit vielen Männern und Häuptlingen. Und es

_____

*) Sesbelja, das heißt: die fürchterlich brül-
lende.

3*

wird gesagt, daß zu jener Zeit auch gute Freund=
schaft zwischen ihm und Ragnar bestand, und
beide pflegten jeden Sommer abwechselnd bei
einander zu Gaste zu kommen. Es traf sich nun,
daß es an Ragnar war, den König Eistein zu be=
suchen; und als er zu dem Gastmahle kam, wurde
er mit den Seinen wohl empfangen. Und als
sie am ersten Abend saßen und tranken, ließ der
König seine Tochter ihm selber und Ragnarn ein=
schenken: da redeten Ragnars Mannen unter ein=
ander, daß sich nichts besser ziemte, als daß Rag=
nar um König Eisteins Tochter würbe, und nicht
länger die Bauerntöchter behielte. Einer von
ihnen übernahm es, ihm dieses vorzustellen; und
es endigte damit, daß sie ihm zur Frau verhei=
ßen ward: jedoch sollte sie noch lange Verlobte
bleiben.

Als dieses Gastmahl zu Ende war, kehrte
Ragnar heim; die Reise ging glücklich, und von
seiner Fahrt wird nicht eher etwas gemeldet, als
bis er nahe vor der Burg war, und sein Weg
durch einen Wald führte. Sie kamen auf ein

Gereute *) in dem Walde: da ließ Ragnar sein
Gefolge still halten, hieß sie aufmerken, und ver=
bot allen, die mit bei dieser Fahrt nach Schwe=
den gewesen, etwas von seinem Vorhaben zu sa=
gen, und was über die Heirat mit König Eisteins
Tochter verabredet war. Und er setzte so strenge
Strafe darauf, daß, wer etwas davon verriethe,
es nur mit dem Leben büßen sollte.

Nachdem er solches geredet hatte, zog er
heim nach seiner Burg. Da waren die Leute er=
freuet, ihn wieder zu sehen, und es ward ihm
das Willkommens = Ael zugetrunken. Ragnar
nahm seinen Hochsitz ein, und als er hier eine
kleine Weile gesessen hatte, da trat Kraka in den
Saal zu ihm, setzte sich auf seine Knie und
schlang ihre Arme um seinen Hals, und fragte,
was es Neues gäbe. Er aber antwortete, er
wüßte nichts Neues zu sagen.

Am Abend begannen die Männer zu trinken,
und gingen dann schlafen. Als nun Ragnar und

---

*) Ausgerodeter Waldplatz.

Kraka beisammen im Bette lagen, fragte sie ihn
abermals nach Neuigkeiten; er aber wiederholte,
er wüßte keine. Sie wollte nun noch mancherlei
mit ihm kosen; er aber sagte, er wäre sehr
schläfrig und wegemüde.

„So will ich dir Neuigkeiten sagen,‟ sprach
sie, „wenn du mir keine sagen willst.‟

Er fragte, welche das wären. —

„Das nenne ich doch Neuigkeiten, wenn ein
König sich mit einer Frau verlobt, obgleich er,
wie die Leute sagen, schon eine Frau hat.‟

„Wer hat dir das gesagt?‟ fragte Ragnar. —

„Deine Mannen sollen ihr Leib und Leben
behalten, weil keiner von ihnen es mir gesagt
hat,‟ antwortete sie. „Ihr müßt gesehen haben, daß drei Vögel auf dem Baume neben euch
saßen: die sagten mir diese Mähre. Aber ich
bitte dich, daß du diese Heirat nicht vollziehest,
wie du dir vorgesetzt hast. Denn jetzo will ich
dir entdecken, daß ich eines Königs Tochter bin,
und nicht eines Bauern: und mein Vater war

ein so berühmter Mann, daß man nicht seinesgleichen fand; und meine Mutter war die schönste
und weiseste aller Frauen, und ihr Name wird
dauern, so lange die Welt stehet."

Da fragte er, wer denn ihr Vater wäre,
wenn sie nicht die Tochter des armen Bauern
wäre, der auf Spangarheide wohnte.

Sie entdeckte ihm nun, daß sie eine Tochter
Sigurdhs des Fafnirtödters, und Brynhilds, der Tochter Budli's, wäre.

„Das dünkt mir gar unglaublich," sagte er,
„daß ihre Tochter Kraka heißen, und ihr Kind
in solcher Armuth aufwachsen sollte, wie auf
Spangarheide war."

Da antwortete sie: „davon zeugt die Sage,"
und hub nun an zu erzählen, wie beide, Sigurdh
und Brynhild, auf dem Berge zusammen kamen,
und sie erzeugt wurde: „und als Brynhild entbunden war, gab man mir einen Namen, und ich
wurde Aslaug genannt." Und so erzählte sie
alles, was vorgegangen war, bis sie zu dem Bauern kam.

Darauf sagte Ragnar: „was du mir da von Aslaug erzählst, kömmt mir sehr wundersam vor."

Sie antwortete: „du weißt, daß ich schwanger bin; und es wird ein Knabe sein, den ich gebäre: aber an diesem Knaben wird man ein Zeichen sehen, als wenn ein Lindwurm in seinem Auge läge. Und wenn dieses in Erfüllung gehet, so bitte ich dich, daß du nicht nach Schweden fahrest, um König Eisteins Tochter heimzuführen: wenn es jedoch nicht eintrifft, so magst du fahren wohin du willst. Aber ich verlange, daß der Knabe nach meinem Vater *) heiße, wenn in seinem Auge dieses rühmliche Mal erscheint, wie ich glaube, daß geschehen wird."

Als nun die Stunde ihrer Niederkunft kam, wurde sie entbunden, und gebar einen Knaben. Da nahmen die Dienstmännen den Knaben und zeigten ihn ihr; und sie gebot, daß sie ihn zu Ragnar tragen und ihm zeigen sollten. Das ge-

---

*) Der durch Besiegung des Lindwurms Fafnir seinen berühmten Beinamen erhielt.

schah, das Männlein wurde in den Saal getragen und auf Ragnars Rockschooß gesetzt. Er betrachtete den Knaben, und als man ihn fragte,
wie er heißen sollte, sang er dieses Lied:

> „Sigurdh soll er heißen,   8.
> Jung schon wird er siegen,
> Gleichen gar der Mutter,
> Gleich wie Vaters Sohn sein.
> Er soll Adint Stammes *)
> Stolz geheißen werden,
> Trägt die Schlang' im Auge,
> Die den Andern Tod gab. “

Da zog er einen Goldring von seiner Hand,
und gab ihn dem Knaben zur Namens-Feste **).
Und als er die Hand mit dem Ringe ausstreckte,
wandte sich der Knabe, so daß sie ihm den Rücken berührte; das deutete Ragnar, als wenn
er das Gold verschmähete, und sang hierauf dieß
Lied:

---

*) Aus welchem Sigurdh war. Vgl. Volsunga-
Saga Kap. I.

**) Befestigung und Andenken des eben gegebenen
Namens. Vgl. Volf. Saga Kap. 15.

„Brynhilds Flammen-Blicke   9.
Und ihr felsenfestes
Herz scheint ihrer Tochter
Hehrer Sohn zu haben.
Dieser Budhli's Sprößling, *)
Der die Spanne verschmähet,
Wird in Schwertspiels Ringe **)
Ragen vor allen Recken. "

Weiter sang er:

„Nimmer sah ich sonst noch,   10.
So wie hier an Sigurdh,
Kranichhalses Beute ***)
Wild im Auge blicken.
Heute hat den kostbar'n
Ring er, und erhält nun
Billig von dem Bilde
Im Bähren-Ring ****) den Beinamen. "

Darauf gebot er, den Knaben wieder hinaus in das Frauen-Zimmer zu tragen. Damit unter-blieb denn auch seine Fahrt nach Schweden. Und

---

*) Hier eigentlich, da Brynhild Budhli's Tochter war.

**) D. h. im Kampfe.

***) D. h. der Schlange, die der Kranich frißt.

****) Im Auge.

nun ward Aslaugs Abkunft offenkundig, so daß
jedermann wußte, daß sie die Tochter Siburdhs
des Fafnirstödters und Brynhilds der Budhli's
Tochter war.

Neuntes Kapitel.

Heerfahrt Agnars und Eiriks der Ragnars-Söhne nach Schweden.

Als nun die verabredete Zeit, daß Ragnar
das Gastmahl zu Uppsal besuchen sollte, verstri-
chen war, und er nicht kam, bedünkte es dem
Könige Eistein eine Beschimpfung für ihn und
für seine Tochter, und damit war die Freundschaft der beiden Könige zu Ende.

Da Eirik und Agnar, Ragnars Söhne, dieses vernahmen, verabredeten sie unter sich, so
viel Mannschaft zu versammeln, wie sie aller-
meist vermöchten, und damit eine Heerfahrt nach
Schweden zu thun. Sie brachten auch ein großes Heer zusammen, und rüsteten die Schiffe aus.
Man hielt es allgemein für eine gute Vorbedeutung, wenn man die Schiffe glücklich ins Meer

brachte. Da geschah es, als Agnars Schiff von
den Rollen *) schoß, daß ein Mann darunter gerieth und so des Todes war; und das nannten
sie Rollen-Rath, oder Rollen-Vorzeichen, und
es daüchte ihnen kein guter Anfang, doch wollten sie darum ihre Fahrt nicht anstehen lassen.

Als nun ihr Heer bereit war, fuhren sie damit nach Schweden. Und sobald sie in König
Eisteins Reich kamen, zogen sie mit dem Heerschilde **) darüber hin.

Als die Landesleute dieß inne wurden, liefen
sie gen Uppsal und sagten dem König Eistein,
daß ein Heer ins Land eingefallen wäre. Der
König ließ alsbald den Aufgebots-Pfeil ***) in

---

*) Auf welchen sie am Strande standen.

**) D. h. feindlich. Der als Panier erhobene
Schild (auch zu Schiffe am Mastbaume) war
Kriegszeichen: entgegengesetzt dem Schilde des
Friedens und der Ergebung. Vgl. Saxo l. III,
p. 40, und Wilkina-Saga Kap. 39.

***) Wodurch die streitbaren Männer zum Kriegsdienst
aufgeboten wurden: wie noch bei uns in Dör-
fern der Schulze durch Umschicken eines Stockes
die Bauern zusammenruft.

seinem Reiche umgehen, und zog ein so großes
Heer zusammen, daß es erstaunlich war. Mit
diesem Heere zog er in einen Wald, und schlug
dort sein Lager auf. Er hatte die Kuh Sibilja
bei sich, der viel Blutopfer waren gebracht worden, ehe sie mitziehen wollte. Hier im Walde
sprach König Eistein also:

„Ich habe vernommen, daß Ragnars Söhne
auf dem Felde vor dem Walde sind; aber es ist
mir für wahr gesagt worden, daß sie nicht ein
Viertheil von unserm Heere haben. Nun wollen
wir unsere Schaaren zur Schlacht stellen, und ein
Drittheil unseres Heeres soll ihnen entgegen ziehen. Jene sind so tapfer, daß sie wähnen werden, unsere Besiegung in Händen zu haben: aber
alsbald wollen wir mit der ganzen Macht über
sie herfallen; zugleich soll die Kuh dem Heere
vorangehen, und vor ihrem Gebrülle, meine ich,
werden sie nicht Stand halten." Und also geschah es.

So bald die Brüder König Eisteins Heer
sahen, wähnten sie, es mit keiner Uebermacht zu

thun zu haben, und dachten nicht, daß noch mehr
Volkes da wäre.   Aber bald darauf kam das
ganze Heer aus dem Walde hervor, und die Kuh
war losgelassen, und lief vor dem Heer, und
brüllte fürchterlich.   Da entstand ein solcher
Lärm und Betäubung unter den Heermannen der
Brüder, daß sie auf einander selber schlugen,
ausgenommen die beiden Brüder, die blieben
standhaft. Aber das grimmige Ungethüm tödtete
da mit seinen Hörnern manchen Mann; und ob=
schon die Söhne Ragnars gewaltige Männer wa=
ren, so vermochten doch beide nicht der Ueber=
macht des Volks und der Zauberkraft des Götzen
zu widerstehen. Sie leisteten aber tapfere Gegen=
wehr, und fochten kühn und ritterlich, mit gro=
ßem Ruhme. Eirik und Agnar waren stets an
der Spitze der Schaaren, und oft drangen sie
durch die Reihen König Eisteins.   Da fiel Ag=
nar, und als Eirik dieß sah, focht er erst aufs
allertapferste, und achtete nicht mehr, ob er von
dannen käme, oder nicht. Endlich wurde er von
der Uebermacht bewältigt und gefangen.

Da gebot König Eistein Stillestand im Kampfe, und bot Eiriken Frieden: „und überdieß,“ sagte er, „will ich dir meine Tochter geben.“

Eirik antwortete, und sang dieß Lied:

„Buße für den Bruder,   11.
Will ich nicht, noch Braut-Kauf, *)
Mag Eistein nicht hören
Agnars Mörder nennen;
Nicht weint um mich die Mutter,
Männer tränken Ael nicht: **)
Drum laßt auf Lanzenspitzen
Mich durchstochen liegen.“

Dann trat er vor Eistein hin, und sagte, er wünschte, daß die Männer Frieden erhielten, die ihm gefolgt wären, und jeder führe, wohin er wollte: „für mich aber verlange ich,“ sagte Eirik, „daß man viele Spieße nehme und sie im Felde aufrichte, und darauf will ich mich legen lassen und so mein Leben enden.“

---

*) Morgengabe.

**) Ael, Bier, wurde zur Leichenfeier getrunken. Vgl. Kap. 23.

Da antwortete Eistein, es sollte geschehen, was er bäte, obschon er das erwählete, was für sie beide das schlimmste wäre.

Als nun die Spieße aufgesteckt wären, sang Eirik dieses Lied:

> „Königs = Kind kann nimmer,   12.
> Kann ich sagen, schöner
> Sterbe = Bett besteigen,
> Zum Frühstück des Raben:
> Bald wird er der Brüder
> Blut laut überkrächzen,
> Bald mit schwarzem Schnabel
> Beider Fleisch verschlingen."

Hierauf ging er dahin, wo die Spieße aufgerichtet standen, zog den Ring von seiner Hand, warf ihn den Männern zu, die ihm gefolgt waren, und nun Frieden erhalten hatten, und sandte ihn Aslaugen, indem er dieses Lied sang:

> „Bringt Aslaugen Botschaft: 13.
> Eiriks Volk ist geblieben;
> Und der hohen Herrin
> Heim von mir den Ring bringt.
> Zumeist wird die Stiefmutter
> Meinen Tod betrauern;

Sie wird ihren Söhnen
Heimlich davon sagen."

Nun wurde er auf die Spieße gehoben. Da
sah er einen Raben fliegen, und sang noch dieß
Lied:

"Hier krächzt schon der Rabe   14.
Hoch ob meinem Haupte;
Wundengier'ge Geier
Lockt mein glänzend Auge.
Hacken sie aus dem Haupte
Mir die hellen Sterne,
Lohnen sie dem schnöden,
Der oft sie gesättigt."

So endigte er sein Leben mit großer Standhaftigkeit.

Seine Boten aber fuhren heim, und hielten
nicht eher an, als bis sie zu Ragnars Burg kamen. Er war aber damals zu einer Versammlung der Könige gefahren. Auch waren Ragnars
Söhne von einer Heerfahrt noch nicht heimgekommen.

Zehntes Kapitel.

Aslaug reizt ihre Söhne zur Rache ihrer Stiefsöhne.

Die Boten blieben dort drei Nächte, bevor
sie zu Aslaug gingen. Als sie nun vor Aslaugs
Hochsitz kamen, grüßten sie sie ehrerbietig, und
sie nahm ihren Gruß wohl auf. Sie hatte eben
ein Leintuch umgebunden, und ihre Haare aufge-
löst, um sich zu kämmen. Da fragte sie, wer
sie wären; denn sie hatte sie zuvor nie gesehen.

Der unter ihnen das Wort führte, sagte, sie
wären Eiriks und Agnars, der Söhne Ragnars,
Heermannen gewesen.

Da sang sie dieses Lied:

„Was habt mir, ihr Männer,   15.
Neue Mähr' zu sagen?
Sind im Land die Schweden,
Oder sind hinaus sie?
Eure Fahrt erfuhr ich,
Weiß jedoch nichts fürder:
Zur unsel'gen Stunde
Rollten ins Meer die Schiffe." *)

---

*) Bezieht sich auf die üble Vorbedeutung dabei. Kap. 9.

Jener antwortete mit folgendem Liede:

„Ungern wir' verkünden 16.
Der Kinder Tod dir, Königin:
Alter tödt'te Manchen,
Kampf die Söhne Thora's.
Andre neue Mähre
Vermag ich nicht zu melden;
Vollführt hab' ich die Botschaft:
Der Aar flog ob den Leichen."

Sie fragte nun, wie es dabei zugegangen
wäre; und der Bote wiederholte das Lied, welches Agnar gesungen hatte, als er ihr den Ring
sendete. Da sahen die Männer, daß ihr Thränen entfielen; die Thränen aber waren wie Blut
anzusehen und hart wie Hagelkörner; und niemand hatte sie noch weinen gesehen, weder zuvor, noch seitdem.

Darnach sagte sie, sie könnte nicht eher die
Rache vollführen, als bis Ragnar oder seine
Söhne heimgekommen wären:

„Ihr sollt aber so lange hier bleiben; denn
ich will nicht unterlassen, eben so zu ihrer Rache

4 *

aufzufordern, als wenn sie meine leiblichen Söhne
wären."

So blieben sie dort; es fügte sich aber, daß
Ivar mit seinen Brüdern früher heim kam, als
Ragnar. Kaum waren sie angelangt, so begab
sich Aslaug zu ihren Söhnen; Sigurdh aber war
damals erst drei Winter alt, und ging mit seiner
Mutter.

Als sie nun in den Saal trat, der den Brüdern gehörte, wurde sie wohl empfangen. Sie
befragten einander um Neuigkeiten, und die
Brüder erzählten ihr den Fall Rögnvalds, ihres
Sohnes, und was sich dabei zugetragen hatte.

Sie weinte nicht sehr darüber, und sang dieses Lied:

"Lange ließt ihr Söhne,   17.
Harren mich im Leide,
Das Mövenfeld *) durchfurchend,
Das Haus zu hüten nicht fähig.
Rögnvald hat geröthet
Den Rand *) in Männerblute:

—————

*) D. h. das Meer.
**) Des Schildes, für den Schild selbst: wie im
Altdeutschen.

Streitkühn kam meiner Söhne
Erster zu Odins Saale. *)

Ich sehe nicht," fügte sie hinzu, „daß er größern Ruhm hätte erleben können. "

Hierauf fragten jene, was sie Neues zu erzählen hätte. Sie antwortete:

„Den Fall Eiriks und Agnars, eurer Brüder und meiner Stiefsöhne, der Männer, welche ich für die tapfersten Helden halte. Es wäre unziemlich, wenn ihr solches ertrüget, und ich bitte euch, und biete euch alle meine Hülfe dazu, daß ihr sie lieber mehr denn minder rächet."

Da sagte Ivar: „Fürwahr, ich komme nimmer nach Schweden, um mit König Eistein und dem Götzenzauber dort zu kämpfen."

Sie drang heftig in sie; Ivar aber, der das Wort führte, versagte beharrlich diese Heerfahrt.

---

*) Nach Valhall, wohin die auf der Walstatt fallenden durch die Valkyrien entboten werden.

Da sang sie dieses Lied:

> „Nimmer werdet lange   18.
> Rachelos ihr liegen,
> Nicht sechsmal der Mond sich
> Nach dem Tod' erneuen,
> Will ich wahrlich sagen,
> Wenn am Leben wären
> Sie beid', Eirik, Agnar,
> Obschon nicht meine Söhne."

Ivar erwiederte: „Ich zweifle, daß es et=
was hilft, obschon du ein Lied über das andre
singest. Weißt du denn, welches Bollwerk uns
dort entgegensteht?"

„Ich weiß es nicht gewiß," antwortete sie;
„aber kannst du mir sagen, welche Schwierigkei=
ten es dort giebt?"

Ivar sagte darauf: „Dort ist eine so ge=
waltige Götzenzauberei, daß man nirgend von ih=
resgleichen vernommen hat; und der König ist
ebenso mächtig, als bösartig."

Sie fragte, worauf dieser bei seinem Götzen=
dienst am meisten vertraute. Ivar antwortete:

„Auf eine große Kuh, Sibylja genant,

die ist so verzaubert, daß, sobald sie ihr Gebrüll
ausstößt, keiner von seinen Feinden Stand halten
kann; und man hat nicht allein mit Männern zu
kämpfen, sondern muß sich mehr gegen den Götzenzauber wehren, als gegen den König. Ich
mag also keinesweges mich selbst, noch mein Volk
daran wagen."

Sie erwiederte: „Du magst bedenken, daß
du nicht der tapferste Mann genannt werden
kannst, wenn du nichts wagen willst."

Als sie aber sah, daß sie vergeblich gekommen wäre, und wieder hinweggehen wollte, weil
jene auf ihre Worte nicht sonderlich zu achten
schienen, da hub Sigurdh Schlangenauge an und
sprach:

„Mutter, ich will dir sagen, was ich im
Sinne hab, obschon ich nicht weiß, was meine
Brüder dazu sagen werden."

„Ich will es gern hören," sagte sie. Darauf sang er folgendes Lied:

„Binnen drei der Nächte,　　　19.
Da dich Leid so bringet,

(Weiten Weg wir haben,)
Rüften wir die Heerfahrt.
Fürder soll nicht Eiftein,
Obfchon Gut er böte,
König fein in Uppfal,
Sind gut unfre Schwerter."

Und als er diefes Lied gefungen hatte, da
änderten die Brüder etwas ihren Sinn. Aslaug
aber fprach:

"Du giebft mir wohl zu erkennen, mein lieber Sohn, daß du meinen Willen thun willft:
jedoch kann ich nicht abfehen, wie wir ihn aus-
führen wollen, wenn wir nicht den Beiftand deiner Brüder haben. Aber es möchte fich fo noch
fügen, und du erweifeft dich würdig, mein Sohn."

Da hub Björn an, und fang diefes Lied:

"Herz und Sinn find hurtig   20.
Im adlerfchnellen Bufen,
Wenn mit uns das Männlein
Auch fo muthig redet.
Uns nicht fteht die Schlange
Strahlend in dem Auge:
Froh der Brüder, denk' ich
Deiner Stiefföhn' jezo."

Darauf sang Hvitserk dieses Lied:

„Bedenken vor der Fahrt wir,   21.
Daß die Rach' erfüllt wird;
Laßt uns manches Unheil
Agnars Mörder anthun.
Schiebt in See die Kiele,
Haut das Eis vorm Schnabel;
Schaun wir, daß die Schiffe
Schleunig sein gerüstet.“

Hvitserk aber sagte deshalb, daß man das
Eis aufhauen sollte, weil damals ein starker
Frost war und ihre Schiffe eingefroren wären.

Hierauf nahm Ivar das Wort und sagte, es
wäre nun dahin gekommen, daß er auch Theil
daran nehmen müßte, und sang dieses Lied:

„Muth wir müssen haben,   22.
Vermessenheit nicht minder;
Der bedürfen wir nun
Dorthin als Gefährten.
Mich beinlosen müßt ihr
Tragen vor den Männern:
Doch fördr' ich die Rache,
Ficht auch meine Hand nicht.

Es ist drum das Beßte,“ fügte Ivar hinzu,
„daß wir allen möglichen Fleiß anwenden, unsere

Schiffe auszurüsten und Mannschaft zusammenzu-
bringen; denn wir dürfen nichts hier sparen,
wenn wir nicht besiegt werden wollen."

Hierauf ging Aslaug hinweg.

Eilftes Kapitel.

Heerfahrt der Söhne Ragnars und Aslaugs nach Schweden.

Sigurdh hatte einen Pflegevater, der übernahm es für ihn, beides, Schiffe auszurüsten und
Mannschaft zu werben, alle damit zu besetzen;
und es ging so schleunig damit, daß Sigurdhs
Herrschaar noch vor Ablauf von drei Nächten
fertig war; er hatte fünf Schiffe, und alle wohl-
gerüstet.

Und nach Verlauf von fünf Nächten hatten
Hvitserk und Björn vierzehn Schiffe ausgerüstet;
Ivar aber hatte zehn Schiffe, nach Verlauf von
sieben Nächten, seit der Zeit, daß sie miteinander
geredet und die Heerfahrt gelobt hatten.

Jetzo kamen sie alle zusammen, und jeder
gab an, wie viel Mannschaft er aufgebracht hatte.

Hierauf sagte Ivar, daß er zugleich eine Ritter-
schaar auf dem Landwege hinsendete. Da sprach
Aslaug:

„Wenn ich wüßte, daß dieses Heer auf dem
Landwege uns zu Nutze kommen könnte, so würde ich auch eine starke Schaar hinsenden."

„Wir dürfen uns nun nicht mehr damit auf-
halten," sagte Ivar, „sondern müssen mit dem
Heere, welches wir beisammen haben, die Fahrt
beginnen."

Da sagte Aslaug, sie wollte mit ihnen fahren: „so sehe ich dann, wie sehr jeder es sich
angelegen sein läßt, die Brüder zu rächen."

„Gewiß ist," sagte Ivar, „daß du nicht
auf unsere Schiffe kömmst: aber das kann geschehen, wenn du es willst, daß du unser Heer
anführest, welches den Landweg zieht."

Sie willigte ein: zugleich vertauschte sie ihren Namen und nannte sich Randalin. *)

----

*) Rand-alin bedeutet Schild-geborene,
Schild-Maid.

Beide Heere fuhren nun dahin, nachdem Jvar bestimmt hatte, wo sie sich treffen wollten. Ihre Fahrt ging beiderseits glücklich von statten, und beide langten an dem verabredeten Orte an. Sobald sie in Schweden im Reiche König Eisteins ankamen, fuhren sie mit dem Heerschilde darüber hin, so daß sie alles verbrannten, was ihnen vorkam, und kein Menschenkind am Leben ließen; ja sie trieben es so weit, daß sie alles tödteten, was lebendig war.

Zwölftes Kapitel.

Feldschlacht in Schweden, und Fall König Eisteins.

Unterdessen geschah es, daß einige Männer zu König Eistein entkamen und ihm sagten, wie ein großes Heer in sein Reich eingefallen wäre und so übel darin hausete, daß sie nichts verschonten, und auf ihrem Wege alles verwüstet hätten, so daß kein Haus mehr da stünde.

Als König Eistein dieses hörte, vermuthete er wohl, wer diese Kriegsmänner wären: er ließ alsobald den Aufgebots-Pfeil in seinem ganzen

Reiche umgehen, und berief alle seine Mannen,
welche ihm Beistand leisten wollten, und wer
nur irgend einen Schild tragen könnte.

„Wir wollen,“ sprach er, „die Kuh Sibylja, unsere Gottheit, mit uns nehmen, und sie
vor dem Heere springen lassen; so, meine ich,
wird es wieder ergehen, wie zuvor, und jene
vor ihrem Gebrülle nicht Stand halten. Ich will
alle meine Leute anreizen, aufs tapferste zu streiten; damit wir dieses große und verderbliche
Heer vertreiben.“

So geschah es, und Sibylja wurde losgelassen. Als nun Ivar ihre Sprünge sah und das
grimmige Gebrüll hörte, das sie ausstieß, gebot
er, daß das ganze Heer lauten Lärmen mit Waffen und Kriegsgeschrei erheben sollte, damit sie
so wenig als möglich von dem Gebrülle des Un-
gethüms, das auf sie losstürzte, höreten. Zugleich befahl Ivar seinen Trägern, daß sie ihn
der Kuh entgegen tragen sollten, so weit sie vermöchten: „und wenn ihr die Kuh zu uns her-
ankommen seht,“ sprach er, „so werfet mich auf

fte: so wird eins von beiden geschehen, entweder ich verliere das Leben, oder sie muß sterben.
Ihr sollt aber einen starken Baum nehmen, einen
Bogen daraus hauen und ein Geschoß dazu machen."

Sie brachten ihm den starken Baum mit dem
schweren Geschosse, wie er ihn bestellt hatte;
aber kein andrer fand diese Waffe handrecht für
sich.

Hierauf ermunterte Ivar männiglich, aufs
tapferste zu streiten, ließ sich vor den Schaaren
hertragen, und sein Heer zog mit großem Ungestüm und Lärmen vorwärts. Als aber Sibylja
anhub zu brüllen, ward ein so großes Getöse,
daß sie es eben so laut hörten, als wenn sie selber geschwiegen hätten oder stillgestanden wären.
Sie wurden dadurch so verwirrt, daß alle sich
unter einander schlagen wollten, ausgenommen
die Brüder. Während dieß Wunder vorging,
sahen diejenigen, die Ivar trugen, daß er seinen
Bogen so leicht spannte, als wenn es ein ge-
wöhnlicher schwacher Bogen wäre, und dabei

schien es ihnen, als zöge er die Pfeilspitze bis
innerhalb der Krümmung des Bogens zurück:
dann hörten sie die Senne so laut erklingen, wie
sie nimmer zuvor gehört hatten, und sahen nun
die Pfeile so schnell dahin fliegen, als wenn sie
von dem stärksten Stahlbogen abgeschossen wären; und die Pfeile trafen so gut, daß jeder der
Kuh Sibylja ins Auge fuhr. Da sank sie nieder, stürzte dann über Hals und Kopf einher,
und brüllte noch fürchterlicher, als zuvor. Und
als sie zu ihnen heran kam, gebot Ivar seinen
Trägern, ihn auf sie zu werfen. Da ward er
ihnen so leicht, als ein kleines Kind, und sie waren der Kuh nicht ganz nahe, als sie ihn warfen.
Er aber fiel der Kuh auf den Rücken, und stürzte
so schwer als ein Berg auf sie nieder, so daß er
ihr alle Gebeine im Leibe zermalmte, und sie des
Todes war. Nun gebot er seinen Leuten, ihn
schleunigst wieder aufzuheben; und als er wieder empor war, da erscholl seine Stimme so laut,
daß jedem im Heere däuchte, er stände ihm ganz
nahe, obwohl er weit entfernt war, und alle ge-

horchten seinem Ruf auf der Stelle, so daß er
durch seine Rede allen die Bestürzung benahm,
welche über sie gekommen war.   Auch hatte sie
sich selbst noch nicht großen Schaden gethan, weil
sie erst kurze Zeit die Waffen gegen einander ge-
kehrt hatten.   Nun ermahnte sie Ivar zum här-
testen Angriff gegen die Feinde: „ich meine, der
wüthendste Widerstand ist nun aus dem Wege ge-
räumt, indem die Kuh getödtet ist."

Auf beiden Seiten hatten sich nun die Heere
wieder geschaart, und stürzten auf einander los,
und der Kampf war so hart, daß die Schweden
alle gestanden, sie wären nimmer in solcher Fährlichkeit gewesen.   Die Brüder Hvitserk und
Björn drangen so gewaltig vor, daß keine Schaar
vor ihnen Stand halten konnte.   Es fielen so
viele von König Eisteins Heere, daß nur der kleinere Theil noch aufrecht stand; einige aber entkamen durch die Flucht.   Die Schlacht endete
damit, daß König Eistein selber fiel; die Brüder allein gewannen den Sieg, und gewährten
denen, die übrig geblieben waren, Frieden.

Da sagte Ivar, er wollte nicht fürder in diesem Lande Krieg führen, weil dasselbe jetzt ohne Oberhaupt sei: „wir wollen nun lieber dorthin ziehen, wo mehr Uebermacht uns entgegensteht."

Randalin aber zog mit einem Theile des Heeres heim.

Dreizehntes Kapitel.

Ragnars Söhne erobern Bifilsburg.

Nun beredeten sie unter einander, einen Zug ins Südreich *) zu thun; Sigurdh Schlangenauge war aber fortan mit bei jeder Heerfahrt seiner Brüder. Auf diesem Zuge belagerten sie alle starken Burgen mit solcher Gewalt, daß ihnen keine zu widerstehen vermochte.

Da vernahmen sie von einer großen und wohlbemannten Burg, und Ivar beschloß, dorthin zu ziehen. Auch wird gesagt, wie diese Burg hieß, und wer darin herrschte: dieser

---

*) Darunter versteht man Frisland, Frankreich, Italien und mehrere Südländer.

5

Häuptling hieß Vifil, und nach seinem Namen war die Burg Vifilsburg *) benannt. Sie fuhren nun mit dem Heerschilde über das Land und zerstörten alle Burgen auf ihrem Wege, bis sie vor Vifilsburg ankamen. Der Häuptling war gerade nicht daheim in der Burg, sondern mit großem Gefolge ausgezogen.

Die Brüder schlugen ihr Lager auf dem Gefilde rings um die Burg auf, verhielten sich jedoch den Tag ihrer Ankunft noch ruhig und unterhandelten mit den Burgmännern. Sie boten ihnen die Wahl, ob sie die Burg übergeben und

---

*) Ist Wiflisburg, französisch Avenche, das alte Aventicum, in der Schweiz: wie ganz deutlich erhellet aus der von Werlauff in Symb. ad geogr. med. aevi 1821 herausgegebenen Altnord. Erdbeschreibung p. 17, wo Vivilsborg zwischen Solatra (Solothurn) und Fivizuborg (Vevay) auf dem Wege nach Italien liegt, und ausdrücklich dabei bemerkt ist, daß es eine bedeutende Stadt gewesen, ehe sie von Lodbroks Söhnen zerstört worden, jetzt aber geringe sei. Vgl. Norna-Gests-Saga Kap. 8.

allesammt Frieden haben, oder ihre Uebermacht
und Tapferkeit versuchen wollten, worauf aber
niemand Frieden erwarten dürfte.

Jene waren kurz angebunden, und erwieder-
ten, die Belagerer könnten die Burg nimmer ein-
nehmen, sie würden sie also nicht übergeben:
»Ihr möget euch zuvor hier versuchen und uns
eure Tapferkeit, Stärke und Heldenmuth sehen
lassen.«

So verging die Nacht, und am folgenden
Tage versuchten die Brüder, die Burg zu erstür-
men, aber es gelang ihnen nicht. Sie belagerten
nun einen halben Monat diese Veste, und versuchten jeden Tag, mit mancherlei Kriegslisten
sie einzunehmen; aber es ging je länger je übler,
und sie dachten schon darauf, wieder abzuziehen.
Da kamen die Burgmänner heraus, und behäng-
ten rings umher die Mauern mit goldgewebten
Teppichen und den schönsten Gewanden, so in der
Burg waren, und trugen ihnen Gold und Kostbarkeiten zur Schau hervor. Darauf hub einer
aus dem Volke an und sprach:

4*

„Wir dachten, dieß wären Ragnars Söhne, und ihr Volk tapfere Männer: aber wir können wohl sagen, daß sie nicht mehr ausgerichtet haben, als andere Männer."

Zugleich erhuben alle ein Kriegsgeschrei, schlugen auf die Schilde, und forderten ihre Feinde auf alle Weise heraus.

Als Jvar dieses hörte, erboste es ihn sehr, und er ward so krank davon, daß er sich kaum rühren konnte, und sie abwarten mußten, bis es entweder mit ihm besser würde, oder er stürbe. Er lag den ganzen Tag bis zum Abend, ohne ein Wort zu sprechen. Darnach befahl er den Leuten, die um ihn waren, seinen Brüdern Hvitserk, Björn und Sigurdh zu sagen, sie sollten sammt allen den erfahrensten Männern zu ihm kommen.

Als nun alle die vornehmsten Häuptlinge ihres Heeres versammelt waren, befragte sie Jvar, ob sie irgend ein Mittel wüßten, wahrscheinlicher zum Siege zu gelangen, als auf dem bisherigen Wege.

Alle antworteten, sie vermöchten hier nichts zu ersinnen, was zum Siege führte: „aber auch jetzo, wie oftmals, wird uns dein Rath zu Hülfe kommen.“

Da sprach Ivar: „Mir ist ein Mittel in den Sinn gekommen, welches wir bisher noch nicht versucht haben: unweit von hier steht ein großer Wald, jetzt ist es Nacht, und so wollen wir heimlich aus unserm Lager nach dem Walde ziehen, unsere Zelte aber müssen stehen bleiben; und wenn wir in den Wald kommen, soll jeder von uns sich ein Holzbündel machen, dieß Holz wollen wir dann ringsumher an die Burg legen, und sie anzünden: das wird ein gewaltiger Brand werden, und der Mörtel der Burgmauern wird von diesem Feuer sich lösen: alsdann wollen wir die Mauerbrecher heranbringen und versuchen, wie fest sie noch sind.“

Dieß wurde sogleich ausgeführt. Sie zogen nach dem Walde, und blieben da, so lange es Ivar für gut fand. Dann gingen sie wieder, wie es bestimmt war, zu der Burg, und als sie

das ringsumher aufgehäufte Holz anzündeten,
entstand ein so gewaltiger Brand, daß die Mauern ihn nicht aushalten konnten, und ihr Mörtel
sich lösete.   Nun brachten die Belagerer die
Sturmböcke an die Burg, und brachen an mehre-
ren Stellen einen Weg hinein: da begann das
Handgemenge, und weil nun der Kampf gleich
war, so fielen die meisten Burgmänner, und et-
liche entflohen.   Der Streit endigte damit, daß
die Sieger kein Menschenkind in der Burg am
Leben ließen, alles Gut daraus wegnahmen, und
die Burg völlig niederbrannten, bevor sie hinweg
zogen.

Vierzehntes Kapitel.

Ragnars Söhne wollen Romaburg erobern.

Sie zogen von dannen nun fürder, bis sie an
die Burg kamen, die Luna *) hieß; sie hatten

---

*) Eine im Alterthum berühmte und noch im 12ten
   Jahrhundert blühende Stadt, von welcher noch
   Spuren bei Carrara sichtbar sind.   Sie wird
   auch in der zu Kap. 13. gedachten Altnordischen

da fast alle Burgen und Vesten im ganzen Südreiche zerstört, und waren nun in der ganzen
Welt so berühmt, daß auch das kleinste Kind ihren Namen wußte. Da gedachten sie, nicht aber
abzulassen, als bis sie Rômaburg *) erreicht
hätten, weil ihnen so viel von der Größe und
Volksmenge, der Pracht und dem Reichthum derselben gesagt war. Sie wußten aber nicht genau,
wie weit der Weg dahin wäre, und hatten überdieß so viel Volks bei sich, daß es ihnen an Le-
bensmittel mangelte. Sie blieben also noch in

Erdbeschreibung bei Werlauff p. 20 eine Tagereise
vor Lucca aufgeführt, dabei zwar nichts von Lodbroks Söhnen, wohl aber die Sage bemerkt, daß
in der dortigen Gegend die Schlangengrube
sein soll, in welche Gunnar geworfen wurde.
(Volf. S. Kap. 46.) Vermuthlich waltet hier nur
Verwechslung mit dem ähnlichen Toda Lodbrods
(Kap. 16) und dieses Heerfahrt seiner Söhne.

*) Rom ist gemeint, das im Mittelalter fest war,
besonders durch die noch feste Engelsburg. Vgl.
den vorgedachten Wegweiser p. 22.

der Burg zu Luna, und beriethen sich über ihre
Fahrt.

Da kam ein alter graubärtiger Mann dort=
hin, den fragten sie, wer er wäre. Er antwor=
tete, er wäre ein Wandersmann und sein lebe=
lang von Land zu Land gezogen. —

„Du kannst uns also wohl von manchem
Kunde geben, was wir hören und wissen wol=
len?“.

Der alte Mann antwortete: „Fürwahr, ich
glaube nicht, daß ihr mich nach irgend einem
Lande fragen könnet, von welchem ich euch nicht
Bescheid zu geben wüßte.“ —

„Wir verlangen von dir zu wissen, wie weit
es von hier nach Romaburg ist.“

Er antwortete: „Ich kann euch ein Merk=
mal davon angeben: ihr sehet hier die Eisen=
schuhe, welche ich an den Füßen habe, sie sind
abgelaufen, und die ich hier auf dem Rücken
trage, sind gänzlich verschlissen; als ich aber
wegging, band ich diese vernutzten, die ich auf
dem Rücken trage, ganz neu an meine Füße, und

seitdem bin ich stets auf dem Wege von dorther
gewesen."

Als der alte Mann also redete, sahen die
Brüder ein, daß dieser Weg für sie zu weit wäre,
und sie die Fahrt nach Rom, welche sie sich vorgesetzt hatten, aufgeben müßten. Sie zogen also
mit ihrem Heere von dannen, und eroberten noch
manche Burgen, welche nie zuvor waren einge-
nommen worden, und wovon man heute noch die
Wahrzeichen sieht.

Funfzehntes Kapitel.

Ragnar rüstet seine Heerfahrt gen England.

Mittlerweile saß Ragnar daheim in seinem
Reiche, und wußte nicht, wo seine Söhne, noch
wo Aslaug, seine Gattin, waren. Er hörte aber
seine Mannen so viel von den Heldenthaten seiner Söhne erzählen, daß er wohl erkannte, ihr
Ruhm hätte nicht seinesgleichen. Da überlegte
er bei sich, was er selber für eine Heldenthat
unternehmen könnte, die nicht minder berühmt
bliebe. Nachdem er seinen Entschluß gefaßt

hatte, ließ er Zimmerleute kommen und starke
Bäume zu zwei großen Schiffen fällen. Als sie
fertig waren, sah man, daß es zwei so große
Knorren *) waren, wie noch keine in den Nordlanden gebauet worden. Zugleich ließ er in seinem ganzen Reiche ein großes Aufgebot ergehen.
An diesen Zurüstungen sah man, daß er eine
Heerfahrt außerhalb Landes vorhätte. Das Ge-
rücht hievon erscholl weit und breit in allen Nach-
barländern, und alle Leute und Könige dieser
Länder fürchteten, nun daraus vertrieben zu werden; ein jeder ließ also an seinen Gränzen Wache halten, ob Ragnar etwa gegen sie heranzöge.

Eines Tages fragte Aslaug Ragnarn, was
für eine Heerfahrt er sich vorgesetzt hätte. Da
sagte er ihr ganz offen, er gedächte nach England
zu fahren, mit nicht mehr als zwei Schiffen und
der Mannschaft, welche sie fassen könnten.

Aslaug erwiederte: „Diese Fahrt, die du

---

*) Frachtschiffe, die auf beiden Enden erhöhet
sind.

im Sinne hast, scheint mir unvorsichtig: mich dünkt, es wäre dir rathsamer, mehr und kleinere Schiffe zu haben."

„Das ist kein Ruhm," versetzte er, „mit vielen Schiffen ein Land zu erobern: davon aber giebt es noch kein Beispiel, daß mit zwei Schiffen ein solches Land, wie England, sei erobert worden: und wenn ich etwa besiegt werde, so ist es um so besser, je weniger Schiffe ich mitgebracht habe."

Da erwiederte Aslaug: „Die Ausrüstung dieser beiden Schiffe scheint mir nicht minder kostbar, als wenn du mehrere Langschiffe zu dieser Fahrt ausgerüstet hättest. Du weißt auch wohl, daß es schwierig ist, in England anzulanden, und wenn deine Schiffe strandeten, und die Mannschaft zwar ans Land käme, so wäret ihr doch nicht geschickt, gegen das anrückende Landesheer zu streiten. Leichter aber ist es, mit Langschiffen, als mit Knorren, in den Hafen einzulaufen."

Hierauf sang Ragnar dieses Lied:

„Nicht spar' den Raub des Rheines *) 23.
Wer will Recke heißen:
Kühnem Könige **) misdünkt
Ring' und Krieger-Menge,
Ziemt nicht Spangen-blitzend
In der Burg zu prangen.
Manchen König, weiß ich,
Ueberlebte Reichthum."

Er ließ nun seine Schiffe vollends ausrüsten,
und versammelte Mannschaft dazu, so daß sie
stark besetzt waren. Es wurde noch mancherlei
über sein Vorhaben geredet, er aber sang darauf
folgendes Lied:

„Welch Gemurmel hör' ich 24.
Von den Männern lauten?
Daß man Mundilfari's ***)
Mitgift nicht will nehmen:

_____

*) Das Gold, welches die Niflungen in den Rhein
versenkten. s. Velsunga-Saga Kap. 46.

**) In der Urschrift Hilmir. Vgl. Str. 3.

***) Vater der Sonne (Sol) und des Mondes
(Mani): seine Mitgift bezeichnet Gold, das
Sinnbild der Sonne.

Dennoch, wenn die Götter,
Die Egils *) Tage meffen,
Diefen Streit beschließen,
Folg' ich unerschrocken. "

Die Schiffe und die Mannschaft, welche ihn begleiten sollte, waren nun fertig; und sobald das Wetter ihm günstig schien, sagte er, daß er zu Schiffe gehen wollte. Aslaug begleitete ihn auf das Schiff, und bevor sie von ihm schied, sagte sie zu ihm [indem sie ihm ein Kleid dar-barbot], sie wollte ihm das Kleid vergelten, welches er ihr vormals gegeben hätte.

Er fragte sie, welche Bewandtnis es damit hätte; und sie sang dieses Lied:

„Nimm dieß Hemd' von Seide,   25.
Nirgend ist's genähet,
Liebevoll gewoben
Aus feinen grauen Fäden.
Schwerter dich nicht schneiden,
Wunden roth nicht schweißen,
In dem heil'gen Gewande:
Den Göttern war's geweihet. "

---

*) Name eines Seekönigs: Ragnar meint sich selbst.

Darauf sagte er, er nähme es gern an und
würde ihren Rath befolgen. Aber bei ihrem
Scheiden sah man wohl, daß ihr die Trennung
sehr zu Herzen ging.

Sechzehntes Kapitel.

Ragnars Tod.

Ragnar steuerte nun mit seinen Schiffen nach
England, wie er sich vorgesetzt hatte; es erhub sich aber ein so heftiger Sturm, daß seine
beiden Knorren an der Englischen Küste scheiter-
ten. Doch kam sein ganzes Heer mit allen Kleidern und Waffen ans Land; und alle Dörfer,
Burgen und Schlösser, die er auf seinem Zuge
antraf, nahm er mit stürmender Hand ein.

Damals herrschte über England ein König,
namens Elli. Er hatte schon Ragnars Abfahrt
aus seinem Lande vernommen, und Männer aus-
gestellt, welche ihm sogleich die Landung des
Heeres melden sollten. Diese Männer kamen
nun zu König Elli, und brachten ihm die Kriegsbotschaft. Da sandte er in seinem ganzen Reiche

umher; und ließ jeden Mann aufbieten, der einen Schild führen, und ein Roß reiten könnte,
und Muth hätte zu streiten. So brachte er ein
großes und furchtbares Heer zusammen. Hierauf
schaarten sie sich zur Schlacht, und König Elli
sprach zu seinen Leuten:

„Wenn wir in dieser Schlacht siegen, und
ihr Ragnars gewahr werdet, so sollt ihr nicht
das Schwert gegen ihn aufheben, denn er hat
solche Söhne daheim, daß sie nimmer von uns
abließen, wenn er fiele.“

Ragnar rüstete sich nun auch zur Schlacht,
und er legte das Hemde, welches Aslaug ihm
beim Scheiden gegeben hatte, anstatt des Panzer-
hembes an, und nahm den Spieß, womit er den
Lindwurm besiegt hatte, der um Thora's Zwinger lag, und an den niemand anders sich wagte.
Er trug keine andre Schutzwaffen, als den Helm.

Sobald beide Heere an einander kamen, begann die Schlacht; Ragnars Heer war viel klei-
ner, und die Schlacht hatte noch nicht lange ge-
dauert, als schon ein großer Theil desselben ge-

fallen war. Wohin aber Ragnar traf, entwich
alles vor ihm, er drang den ganzen Tag durch
die Schaaren hin und zurück, und alle seine Hiebe
oder Stöße auf Schilde, Harnische oder Helme
waren so gewaltig, daß nichts ihnen widerstehen
konnte. Von den Feinden dagegen vermochte ihm
keiner weder durch Hauen noch durch Stechen
irgend einen Schaden zuzufügen, und er empfing
keine Wunde. Er erschlug eine große Menge von
König Elli's Leuten: aber die Schlacht endigte
damit, daß, nachdem Ragnars Mannen alle gefallen waren, er selber mit Schilden überdrängt
und so gefangen wurde.

Nun fragte man ihn, wer er wäre; er aber
schwieg darauf und antwortete nicht. Da sprach
König Elli:

„Diesem Manne muß noch härter zugesetzt
werden, wenn er uns nicht sagen will, wer er ist:
er soll in die Schlangengrube geworfen werden,
und darin liegen bleiben: wenn er uns aber seinen Namen sagt, und wir erkennen, daß er Ragnar
ist, so soll er alsbald wieder herausgezogen werden.“

Dieß wurde befolgt, und Ragnar saß lange
in der Grube, ohne daß eine Schlange ihm nah-
te. Da sagten die Leute:

„Das ist ein gewaltiger Mann, keine Waffen
versehrten ihn heute, und jetzo thun ihm auch
die Schlangen keinen Schaden."

Darauf befahl König Elli, ihm das Ober-
kleid abzuziehen. Das geschah, und alsbald fielen
die Schlangen ihn von allen Seiten an. Da
rief Ragnar aus:

„Die Frischlinge würden grunzen, wenn sie
wüßten, was der Alte leidet." *)

Und obschon er also sprach, wußten sie doch
nicht gewiß, ob er Ragnar wäre, oder ein andrer
König. **)

Zuvor sang er noch dieses Lied:

---

*) Dieser Worte gedenkt auch Saxo.

**) Björners Ausgabe hat hier, anstatt der beiden
folgenden Strophen, den bekannten großen Todesgesang
Ragnars, welchen wir in seiner ursprünglichen Selbst-
ständigkeit abgesondert wiedergeben.

6

„Ein und funfzig Schlachten   * 26.
Hab' ich ruhmvoll gefochten,
Manche tapfre Männer
In dem Kampf gemordet;
Wähnte nicht, daß Würme
Mich ertödten würden.
Manchen trifft, was er am
Wenigsten erwartet."

Darnach sang er dieses Lied:

„Grunzen würden die Frischling',   * 27.
Wüßten des Ebers Weh sie.
Die Schlangen umschlingen mich tödlich,
Graben sich ein mit dem Stachel,
Hängen hart ans Herz sich,
Haben mein Blut gesogen.
Es nahet nun mein Ende,
Unter Nattern sterb' ich,"

So starb Ragnar, und sein Leichnam wurde
nachmals heimgeführt.

Siebenzehntes Kapitel.

Von Ragnars Söhnen.

König Elli dachte wohl, daß es Ragnar gewesen, der so sein Leben gelassen, und überlegte
nun bei sich, wie er es anstellen und so wenden

könnte, daß er sein Reich behielte, und wie er erführe, welchen Eindruck die Nachricht von Ragnars Tod auf seine Söhne machte. Er faßte den Entschluß, ein Schiff ausrüsten zu lassen, und den Befehl desselben einem ebenso klugen als tapfern Manne anzuvertrauen. Als das Schiff wohl ausgerüstet war, sagte er, er wollte zu Ivar und seinen Brüdern senden, und ihnen den Tod ihres Vaters kund thun lassen. Diese Fahrt aber schien den Meisten so gefährlich, daß wenige sich dazu verstehen wollten.

Da sagte der König zu diesen: „Ihr sollt genau darauf Acht geben, wie ein jeder der Brüder bei dieser Nachricht sich geberdet: fahret dann eures Weges, sobald der Wind euch günstig ist."

Er ließ alles zu ihrer Fahrt so bereiten, daß es ihnen an nichts mangelte; so fuhren sie ab, und ihre Reise ging glücklich von statten.

Ragnars Söhne aber, nachdem sie die Südreiche durchzogen, kehrten wieder um nach den Nordlanden, und wollten heim in ihr Reich, wo

6*

Ragnar herrschte; sie wußten nichts von seiner Heerfahrt, noch wie es ihm ergangen war, und um so begieriger wurden sie, etwas davon zu erfahren. Sie zogen also von Süden her heim: aber überall, wo man den Anzug der Brüder vernahm, verwüsteten die Einwohner selber ihre Burgen, nahmen ihre Habe, und flohen damit von hinnen, so daß die Brüder kaum Unterhalt für ihre Leute aufbringen konnten. Da geschah es, daß eines Morgens Björn Eisenseite *) beim Erwachen folgendes Lied sang:

„Hier steigt jeden Morgen   * 28.
Gierig der Helde-Habicht,
Schreit, ob diesen Städten,
Schier als stürb er Hungers:
Fleug ans Süd-Gestade,
Wo aus Schwertes-Schlägen
Thau wir ließen triefen,
Männerblut dort trink!"

Und weiter sang er:

―――――――――

*) Diesen Beinamen (Nordisch Jarnsida) hat er auch in der Geschichte, als Stammvater der folgenden Schwedischen Könige.

„Früher, da wir fuhren,   * 29.
Frey's Spiel *) anzuheben,
Wir sammt wen'gen Recken,
Dort im Römer-Reiche,
Da zückt' ich mein Schlachtschwere
Ueber Grani's **) Schnauze,
Schwang's zum Männermorde!
Der Aar schrie ob der Wahlstatt.“

Achtzehntes Kapitel.

Heerfahrt der Ragnars-Söhne nach England.

Nun traf es sich, daß sie früher nach Dänemark kamen, als die Abgesandten König Elli's, und mit ihren Leuten ruhig daheim saßen. Als aber die Abgesandten in der Burg ankamen, saßen Ragnars Söhne beim Gastmahle; da traten sie in den Trinksaal und nahten sich Ivars Hochsitze.

Sigurdh Schlangenauge und Hvitserk der Hurtige saßen da beim Brettspiel, und Björn

---

*) D. h. Kampf. Vgl. Heimskringla I, 92.
**) Sigurdhs berühmtes Roß (s. Volsunga-Saga Kap. 22 und Wilkina-Saga Kap. 147): hier poetisch für Streitroß.

Eisenseite schnitzte am Boden des Saales einen Speerschaft.

Als nun die Abgesandten König Elli's vor Ivar stunden, begrüßten sie ihn ehrerbietig. Er nahm ihren Gruß wohl auf, und fragte sie, woher sie wären, oder was sie Neues brächten.

Ihr Vormann antwortete, sie wären Englische Männer, und vom König Elli mit dem Auftrage hergesandt, den Tod Ragnars, ihres Vaters, zu verkünden.

Da ließen Sigurdh und Hvitserk die Brettsteine aus der Hand fallen, ganz erstarrt über diese Neuigkeit. Björn hatte sich vom Boden des Saales aufgerichtet, und stützte sich auf seinen Speerschaft.

Ivar fragte nun genau nach allen Umständen von Ragnars Tode. Jene erzählten alles, wie es sich zugetragen hatte, von seiner Ankunft in England bis zu seinem Tode; und als sie in ihrer Erzählung dahin kamen, daß Ragnar gesagt hatte, „Grunzen werden die Frischlinge," drückte Björn den Speerschaft so gewaltig mit seinen

Händen, daß der Eindruck davon zu sehen blieb.
Und als die Abgesandten ihre Erzählung beschlossen, schüttelte er den Speer dermaßen, daß er in
zwei Stücke zersprang. Hvitserk aber hielt einen
Brettstein, den er geschlagen hatte, in der Hand,
und klemmte den so fest in der Faust, daß ihm
das Blut aus allen Nägeln sprißte. Sigurdh
Schlangenauge hatte bei dieser Erzählung ein
Messer in der Hand, womit er seinen Nagel
schabte, und war in so tiefen Gedanken, daß er
es nicht inne ward, als bis das Messer ihm bis
auf den Knochen gedrungen war, und noch ließ
er sich nichts merken. Ivar aber forschte nach allem aufs genaueste, und sein Antlitz ward abwechselnd, bald roth, bald blau, bald bleich, und seine
Haut war ganz aufgeschwollen von dem Ingrimm
in seiner Brust.

Endlich nahm Hvitserk das Wort, und sagte,
die Rache müßte sogleich damit anheben, daß
man die Abgesandten König Elli's erschlüge.
Ivar aber erwiederte:

„Das soll nicht geschehen, sie sollen in Frie-

den fahren, wohin sie wollen; und wenn es ih=
nen an irgend etwas gebricht, so sollet ihr mir
es sagen, und ich will es ihnen geben."

Als die Gesandten nun ihren Auftrag ausge=
richtet hatten, verließen sie den Saal und gingen
wieder nach ihrem Schiffe. Sobald ihnen der
Wind günstig war, segelten sie ins Meer hinaus,
und ihre Reise ging glücklich von statten. Als sie
heim zu König Elli kamen: da sagten sie ihm,
wie jeder der Brüder sich bei dieser Botschaft
gebärdet hätte.

Als König Elli dieses vernahm, sprach er:
„Nach dem, was ihr mir da von Ivar saget,
haben wir ihn, oder sonst niemand, zu fürchten;
und obschon auch die Anderen nichts Gutes sin=
nen, so möchten wir vor ihnen doch wohl unser
Reich behalten."

Er ließ nun auf allen Grenzen seines Rei=
ches Wache halten, damit kein feindliches Heer
ihn überfallen könnte.

Sobald aber die Abgesandten König Elli's
weggefahren waren, gingen die Brüder daheim

zu Rathe, wie sie die Rache ihres Vaters Rag=
nar anstellen sollten. Da sprach Ivar:

„Ich mag keinen Theil daran nehmen, und
keine Mannschaft dazu hergeben; denn es erging
Ragnar, wie vorauszusehen war. Er hat seine
Sache schlecht angefangen, denn er hatte keine
Ursache zum Kriege gegen König Elli, und es ist
schon oft bewährt, daß, wer mit Uebermuth und
Gewaltthat zu Werke geht, selber schmählich da=
bei umkömmt. Ich will lieber Geldbuße von
König Elli annehmen, wenn er sich dazu verste=
hen will."

Als aber die anderen Brüder dieß hörten,
wurden sie sehr zornig, und sagten, sie würden
nimmer solche Schmach dulden, wenn er es auch
wollte: „und es würde mancher von uns sagen,
daß uns die Hände ans Knie gewachsen wären,
wenn wir unsern Vater nicht rächten; wir, die
so weit in der Welt mit dem Heerschilde umher=
gefahren sind, und manchen unschuldigen Men=
schen erschlagen haben. Nein, das soll nicht ge=
schehen! Laßt uns aufs schleunigste alle seefähi=

gen Schiffe im ganzen Dänenreiche ausrüsten, und
alle Mannschaft aufbieten, so daß jeder, der einen
Schild tragen kann, mit gegen König Elli aus-
ziehen soll."

Ivar sagte, seine Schiffe sollten daheim bleiben, ausgenommen das, worauf er selber führe.
Als man aber vernahm, daß Ivar keine Hand
anlegte, brachten die andern Brüder nur ein kleines Heer zusammen, fuhren jedoch nichtsdesto-
minder damit hin.

Sobald sie in England ankamen, erfuhr es
König Elli, und ließ sogleich sein Heerhorn er-
schallen und alle seine Mannen aufbieten, die ihm
beistehen wollten. Da bekam er ein so großes
Heer, daß es nicht zu zählen war, und zog damit
den Brüdern entgegen.

Als beide Heere nun zusammen kamen, nahm
Ivar keinen Theil an der Schlacht, und Ragnars
Söhne wurden in die Flucht geschlagen. König
Elli gewann den Sieg, und als er so die Flücht-
linge verfolgte, sagte Ivar zu seinen Brüdern:

„Ich will nicht mit euch heimkehren zu meinen Leuten, sondern will hier versuchen, ob der König mir einige Ehre erweisen will, oder nicht; denn es scheint mir besser, von ihm eine Buße anzunehmen, als sich noch fürder solchen Unfahrten auszusetzen, wie diese hier.

Hvitserk antwortete, er wollte hierin nichts mit ihm zu theilen haben, und Ivar möchte seine Sache nach seinem Gefallen anstellen: „nimmer," setzte er hinzu, „werden wir Geldbuße für unsern Vater nehmen.

Ivar sagte darauf, so müßte er sich von ihnen trennen, und empfahl ihnen die Verwaltung des Reichs, welches ihnen allen gemeinsam gehörte: „aber," fügte er hinzu, „so viel fahrende Habe, als ich verlange, sollt ihr mir senden."

Neunzehntes Kapitel.
Von Ivar und König Elli.

Nachdem Ivar dieses gesprochen hatte, wünschte er ihnen glückliche Reise, er selber aber kehrte um zu König Elli. Und als er vor den König

kam, begrüßte er ihn ehrerbietig, und hub also
seine Rede an:

„Ich komme zu dir, um wegen des Friedens
mit dir zu reden, und zu hören, welche Sühne
du mir gewähren willst, statt fürder mein Volk
oder mich selbst im Kampfe gegen dich zu Grunde
zu richten."

Da antwortete König Elli: „Man sagt allgemein, es sei nicht räthlich, dir zu trauen, du
sprechest oft schöne Worte, während du auf Böses sinnest; und so würde es uns gefährlich sein,
es mit dir oder deinen Brüdern zu versuchen."

Ivar erwiederte: „Meine Ansprüche bei dir
sind nur klein, und wenn du sie zugestehest, so
schwöre ich dir dagegen, daß ich nimmermehr wi-
der dich streiten will.

Da fragte Elli, was er zur Buße forderte.

„Ich verlange," antwortete Ivar, „daß du
mir so viel von deinem Lande gebest, als eine
Ochsenhaut umspannen kann, und daß ich außen
umher eine Grundveste aufführen darf.   Mehr
fordere ich nicht von dir, und du würdest mir

gar keine Ehre gönnen, wenn du diefes verfag=
teft."

„Ich fehe nicht ein," fagte der König dar=
auf, „wie uns daraus ein Schade erwachfen könn=
te, wenn du fo viel von meinem Lande befäßeft:
drum will ich es dir ficherlich geben, wenn du
mir fchwöreft, nicht gegen mich zu kriegen; denn
nicht fürchte ich deine Brüder, wenn du mir ge=
treu bift."

Zwanzigftes Kapitel.

Ivar erbauet die Grundvefte von Lunduna=Burg.

So wurden beide mit einander einig; Ivar
fchwur einen Eid, nimmer gegen den König zu
fechten, und follte dafür fo viel von England zu
eigen haben, als er mit einer Ochfenhaut aller=
meift umfpannen könnte.

Ivar verfchaffte fich nun eine Haut von ei=
nem großen alten Ochfen, die ließ er aufweichen
und dreimal ausrecken; dann ließ er fie in mög=
lichft feine Riemen fchneiden, und diefe wieder in
die Haarfeite und Fleifchfeite zerfpalten. Als

dieß alles geschehen, war es eine so lange Schnur,
daß es zu verwundern war; und niemand hatte
gedacht, daß so etwas möglich wäre. Diese ließ
er nun auf einem Felde ausspannen, und sie um-
faßte einen so weiten Raum, daß eine große
Burg darin stehen konnte. Außen umher ließ er
eine Grundveste zu starken Burgmauern aufführen. Darauf verschaffte er sich eine Menge Zimmerleute, ließ auf diesem Raume viele Häuser
bauen, und eine starke Burg aufführen, die ward
Lunduna-Burg *) geheißen; und die größte
und berühmteste Burg in allen Nordlanden.

Als diese Burg nun fertig war, hatte er all
seine fahrende Habe ausgegeben: denn er war
so mild und freigebig, daß er mit beiden Händen
austheilte. Auch stand er durch seine Weisheit
in solchem Ansehen, daß Alle in schwierigen Fällen seinen Rath suchten, wodurch sie am besten
berathen zu sein meinten. Dabei war er so leutselig, daß er jedermann zum Freunde hatte.

———————————

*) Jetzo London.

Selbst dem König Elli war er sehr nützlich durch
seinen Rath, indem der König ihn manche Sa-
chen und Angelegenheiten besorgen ließ, so daß
er sich selber nicht damit zu befassen brauchte.

Einundzwanzigstes Kapitel.

König Elli's Tod.

Als Jvar es nun dahin gebracht hatte, daß
er sich alles durchzuführen getraute, sandte er
Boten zu seinen Brüdern, mit dem Auftrage,
ihm so viel Gold und Silber von ihnen zu ho-
len, als er verlangte.   Als die Boten zu den
Brüdern kamen, sagten sie, was ihnen aufgetra-
gen, und auch, wie es um Jvars Angelegenheiten
stünde.   Weil sie aber nicht zu wissen schienen,
über welche Anschläge er brütete, so wähnten die
Brüder, daß er seine vormalige Gemüthsart ganz
abgelegt hätte.   Sie sandten ihm so viel des Gutes, als er verlangte.

Als die Boten damit zu Jvar kamen, ver-
schenkte er all dieses Gut an die mächtigsten
Männer im Lande, und zog dadurch viel Leute

von König Elli ab, indem alle ihm verhießen,
still zu sitzen, wenn er auch gegen denselben eine
Heerfahrt unternähme.

Nachdem Ivar sich so auch Mannschaft ge-
worben hatte, sandte er abermals Boten zu seinen Brüdern, und ließ ihnen sagen, sie sollten
ein Aufgebot zu einem Seezuge in allen Landen
ergehen lassen, so weit ihre Gewalt sich erstreckte,
und so viel Mannschaft aufbringen, als möglich.

Als diese Botschaft zu den Brüdern kam, erkannten sie sogleich, daß Ivar endlich Vertrauen
hätte, in diesem Kampfe den Sieg davon zu tragen. Sie sammelten also Mannschaft in ganz
Dänemark und Gothland und in allen Ländern, über welche ihre Gewalt sich erstreckte, und
brachten durch allgemeines Aufgebot ein starkes
Heer zusammen. Damit gingen sie zu Schiffe,
und fuhren unausgesetzt Tag und Nacht, um aller Kunde von ihrer Fahrt zuvor zu kommen.

Als nun die Kriegsbotschaft dem König Elli
gebracht wurde, bot er seine Mannschaft auf; jedoch brachte er nur ein kleines Heer zusammen,

weil Ivar so Viele von ihm abgezogen hatte.
Dieser kam aber selber zu dem Könige, und sagte,
er wollte alles erfüllen, was er ihm geschworen
hätte: „und obgleich ich," fuhr er fort, „mei=
nen Brüdern in ihren Unternehmungen nicht ge=
bieten kann, so will ich doch zu ihnen gehen und
sie zu vermögen suchen, daß sie mit ihrer Heer=
fahrt innehalten und nicht mehr Schaden anrich=
ten, als sie schon gethan haben.

Ivar begab sich auch zu seinen Brüdern, er=
munterte sie aber vielmehr, tapfer vorzurücken
und es aufs schleunigste zur Schlacht kommen zu
lassen, weil der König ein viel kleineres Heer
hätte.

Sie antworteten, er dürfte sie nicht erst dazu
ermuntern, denn sie wären noch eben so gemuth,
wie vormals.

Ivar aber begab sich wieder zu König Elli,
und sagte ihm, seine Brüder wären viel zu er=
hitzt und zu wüthig, als daß sie auf seinen Rath
und sein Wort hören wollten: „und als ich
Frieden zwischen euch stiften wollte, schrien sie

7

dagegen. Jetzt aber will ich meinen Eid erfüllen, und nicht gegen dich kämpfen, sondern mit
meinen Leuten ruhig zusehen, und eure Schlacht
mag ergehen, wie sie kann."

Bald ersah König Elli mit den Seinen das
Heer der Brüder, und es fuhr so ungestüm daher, daß es zum Entsetzen war.

Da sprach Ivar zum König Elli: „Es ist
jetzo Zeit, dein Heer zu schaaren, denn mir ah-
net, du wirst einen harten Anfall von ihnen zu
bestehen haben."

Sobald beide Heere zusammentrafen, erhub
sich eine große Schlacht; Ragnars Söhne aber
drangen gewaltig durch die Schaaren König Elli's, und waren so ergrimmt, daß sie nur darauf
bedacht waren, ihm so viel Abbruch als möglich,
zu thun. Diese Schlacht war beides, hart und
lang, und endigte damit, daß König Elli mit seinem ganzen Heer in die Flucht geschlagen und er
selber gefangen wurde.

Da war Ivar in der Nähe, und sagte, man
sollte jetzt einen Beschluß über Elli's Tod fassen:

„und es ist rathsam, dabei des Todes zu geden-
ken, welchen er unserm Vater anthat. Ein
schnitzkundiger soll ihm den Aar so tief als möglich in den Rücken schneiden *), und denselben
mit seinem Blute röthen.“

Ein Mann, der zu dieser Arbeit berufen
wurde, that wie Ivar ihm gebot. König Elli
empfing tiefe Wunden, bevor diese Arbeit vollendet war, und gab so seinen Geist auf. Die Brüder aber meinten nun den Tod ihres Vaters
Ragnar gerochen zu haben.

Ivar sagte hierauf zu seinen Brüdern, er
überlasse ihnen das allen gemeinsam gehörige
Reich, und wolle selber über England herrschen.

---

*) Diese Strafe bestand darin, daß die Ribben von
dem Rückenbein geschnitten und wie Adlerflügel aus-
wärts gebogen wurden. Auf dieselbe Weise rächte Sigurdh den Tod seines Vaters. s. die Edda-Lieder von
den Nibelungen VII, 14., und Nornagests-Saga
Kap. 6.

7*

Zweiundzwanzigstes Kapitel.

Ende der Ragnars-Söhne.

Hierauf fuhren Hvitserk, Björn und Sigurdh heim nach ihrem Reiche; Ivar aber blieb
zurück, und herrschte über England. Seitdem
zog jeder allein mit seinem Heere aus, und be-
kriegte noch manches Land.

Aslaug, ihre Mutter, war schon eine alte
Frau. Einsmales, als ihr Sohn Hvitserk
gen Osten gezogen war, wurde er von so großer
Uebermacht bewältigt, daß er nicht Stand halten
konnte, und gefangen wurde. Da erwählte er
sich die Todesart, daß ein Scheiterhaufe von
Männerköpfen gemacht und er darauf verbrannt
würde; und so starb er. Als Aslaug dieses vernahm, sang sie folgendes Lied:

„Es starb am Ostgestade *)   30.
Einer mit der Söhne,
Hvitserk war sein Name,
Nimmer wollt' er fliehen;

---

*) Ostküsten der Ostsee.

Verbrannt ward er auf Häuptern
Im Kampf erschlagner Helden:
Diesen Tod erkor sich
Kühn ein Held im Leben."

Weiter sang sie:

"Manch Haupt ließ der Recke   * 51.
Untern Leib sich legen,
Auf der Flammenbühne,
Adler ob ihm fungen.
Wie möcht' ein Leichenmäher
Besser Bett' sich machen!
Ruhmlos ruht ein König,
Stirbt er nicht, wie ein Recke." *)

Aber von Sigurdh Schlangenauge ist
ein großer Stammbaum entsprossen. Seine Tochter hieß Aslaug, und war der Mutter Sigurdhs Hiort **). Sigurdh Hiort war
Ragnhilds Vater, der Mutter Haralds
Schönhaar, welcher zuerst Alleinherrscher von
ganz Norwegen war.

----

*) Für Recke steht in der Urschrift Jöfur, und
oben Gram: beide sind Näfers Brüder. Str. 2.

**) Beiname, wie der Thora Kap. 1.

Ivar aber herrschte über ganz England bis
an seinen Tod, und starb durch Siechthum. Als
er auf dem Todbette lag, gebot er, ihn dort zu
begraben, wo das Land am meisten feindlichen
Einfällen ausgesetzt wäre; so würden, verkün-
digte er, die dort Landenden nicht den Sieg davon tragen.

Als er gestorben war, geschah, was er befoh-
len, und wurde er dort in einem Grabhügel be-
stattet. Und man erzählt, daß König Harald,
Sigurdhs Sohn, als er nach England kam, dort
landete, wo Ivar begraben lag, und daselbst im
Kampfe fiel *). Und als Wilhelm der Ba-
stard **) ins Land kam, zog er hin zu Ivars
Grabhügel, brach ihn auf, und sah die Leiche
noch unverweset: da ließ er einen großen Scheiterhaufen errichten und Ivar darauf verbrennen.

---

*) In der Schlacht bei Strandford-Bridge,
im J. 1066.

**) Gemeinlich der Eroberer genannt, weil er in
demselben Jahr England eroberte, durch die Schlacht
bei Hastings.

Darnach überzog er das Land, und gewann den Sieg.

Björn Eisenseite hatte auch eine zahlreiche Nachkommenschaft; von ihm stammt der mächtige Häuptling Thord, der zu Hofdi und Hofdastrand wohnte, und sein großes Geschlecht.

Als nun Ragnars Söhne alle gestorben waren, zerstreute sich die Mannschaft, die ihnen gefolgt war, nach verschiedenen Seiten; und Allen, die bei Ragnars Söhnen gewesen waren, gefiel es keinesweges bei anderen Häuptlingen. Unter ihnen waren zwei Männer, die weit und breit umher zogen, ob sie einen Häuptling fänden, dem zu dienen sie nicht für Unehre hielten; und jeder von ihnen zog seinen eigenen Weg.

Dreiundzwanzigstes Kapitel.

Von zwei Männern, die bei Ragnars Söhnen gewesen waren.

Da trug es im Auslande sich zu, daß ein König, der zween Söhne hatte, krank ward und starb, und seine Söhne darnach das Erb-

Ael *) trinken wollten. Sie luden jedermann zu
diesem Gastmahle nach Verlauf von drei Wintern,
binnen welcher Zeit die Vorbereitungen dazu gemacht wurden. Die Kunde hievon verbreitete sich
weit durch die Länder, und als der Sommer und
die bestimmte Zeit zu dem Erbfeste kam, fand
sich eine so große Menge von Gästen ein, daß
niemand sie zählen konnte; es waren aber viele
große Säle dazu bereitet, und alle mit Umhän-
gen bekleidet **). Da trat gegen Ende des ersten Abends ein Mann in den Saal, der war so
groß, daß dort nicht seinesgleichen war; auch sah
man wohl an seinen Gebärden, daß er bei edlen
Männern gewesen war. Als er in den Saal kam,
trat er hin vor die Brüder, begrüßte sie, und

---

*) Das Bier beim Leichenmale und bei der Erbthei-
lung. Vgl. Edda-Lieder von den Nibelungen V., unser Kindelbier für Kindtaufsschmauß.

**) Teppiche, oft mit Bildwerk geziert, wurden an
den Wänden umher aufgehängt. — Die Pergaments-
handschrift liest, anstatt dieses letzten Satzes: „und
viele Zelte waren draußen aufgeschlagen.“

fragte, welchen Sitz sie ihm anwiesen. Er gefiel ihnen wohl, und sie baten ihn, sich auf die obere Bank zu setzen. Da brauchte er zweier Männer Raum. Sobald er sich niedergesetzt hatte, wurde ihm zu trinken gebracht, wie den andern Männern: aber da war kein Trinkhorn so groß und weit, welches er nicht auf einen Zug austrank. Auch sahen Alle wohl, daß er Andere gering achtete.

Da geschah es, daß noch ein Mann zu dem Gastmahle kam, der war noch viel größer, als der erste. Diese beiden Männer trugen tiefe Hüte *) auf dem Kopfe. Der letzte trat auch hin vor den Hochsitz der jungen Könige, und bat sie, ihm einen Sitz anzuweisen. Sie sagten, er sollte sich auf der obern Bank über den ersten setzen. Er ging zu seinem Sitze, und beide nahmen da einen so großen Raum ein, daß fünf Männer an ihrer Stelle Platz gehabt hätten. Aber der zu-

---

*) Mit einem solchen breitkrempigen, tiefherabhängenden Hut erscheint auch Odhin gewöhnlich. Volsunga-Saga Kap. 6. 20.

erſt gekommene war dem ſpäteren nicht gleich im trinken, denn dieſer trank ſo ſchleunig, daß er faſt alle Trinkhörner augenblicks in ſich hinabſchlang; und doch bemerkte man nicht, daß er trunken würde, vielmehr bezeigte er ſich übermüthig gegen ſeinen Sitznachbarn und drehte ihm den Rücken zu. Der zuerſt gekommene forderte ihn zu einem Kampfſpiele auf, und ſagte: „ich will anheben.“ Damit ſtreckte er die Hand gegen ihn aus, und ſang dieſes Lied:

> „Sag' von deinen tapfern　　　　32.
> Thaten, darnach frag' ich:
> Wo ſahſt du ſatt vom Schwertblut *)
> Raben auf Aeſten ſitzen?
> Oefter warbſt beim Weine
> Du am Hochſitz funden,
> Als du den Walvögeln **)
> Blut'ge Leichen vorwarfſt.“

---

*) In der Urſchrift ſteht Hrotti für Schwert, was es auch bedeutet: zugleich aber iſt es Eigenname des Schwertes Fafnirs, welches Sigurdh gewann. Eddas Lieder von den Nibelungen VIII, 44, und VolſungaSaga Kap 28.

**) Geier, Raben ꝛc., die der Walſtatt nachziehen.

Der höher sitzende nahm diese Ausforderung
an, und antwortete mit folgendem Liede:

„Schweig, du Stubensitzer!   33.
Was schwatzest du so schmählich?
Nimmer hast gewagt du,
Was ich wohl gewonnen,
Nie Schwert, noch Speer gemästet
Im Tirs-Spiel *) mit Wunden,
Noch See-Rosse **) geritten:
Und rasch bist du beim Saufen?"

Da erwiederte der zuerst gekommene:

„Wir ließen die See-Rosse   34.
Rasch durch Brandung rennen,
Dieweil durch blanke Brünnen ***)
Blut troff aus den Seiten.
Der Wolf heult' nicht nach Männern, ****)
Ohren flogen vom Nacken;
Mit zermalmenden Hauern
Stunden wir blutgeröthet."

---

*) Im Kampfe. Tir ist der Nordische Kriegs-
gott.

**) Schiffe.

***) Panzerhemden.

****) Hatte Leichen genug zum Fraße.

Hierauf sang der später gekommene:

„Keinen von euch sah ich,   35.
Als den Rachen aufsperrt'
Vor dem weißen Flut-Roß *)
Weit des Schedels Wehrwolf, **)
Und mit lautem Heerhorn
Hoch ans Land wir schwangen
Des Raben reich Gewebe ***)
Vom rothen Schiffschnabel."

---

*) Schiffe.

**) Scheint bildlicher Ausdruck für Kriegsmaschinen, Steinschleudern.

***) Wol Umschreibung einer Fahne, und vermuthlich der berühmten Raben-Fahne Ragnars, von welcher Afferius (de reb. gest. Aelfredi. Oxon. 1723, p. 33.) erzählt, die Dänen haben sie Reafna genannt, und sagen, Hungars und Habbas drei Schwestern, Ragnars Töchter, haben sie in einer Mittagsstunde ganz fertig gewirkt, und in jeder Schlacht, wo diese Fahne getragen werde, zeige sich in der Mitte ein fliegender Rabe, wie lebend, und verkünde so den Sieg; dagegen hange die Fahne unbeweglich nieder, wenn Niederlage drohe. — Den Raben, als Vogel Odins, führten die alten Skandinavier häufig im Banner. s. Finn Magnusens Bidrag til Nordisk. Archäol. S. 168.

Wiederum sang der zuerst gekommene:

> „Nicht ziemt uns vor Männern   36.
> Am Hochsitz zu zanken,
> Wer von uns im Kriege
> Kühner hat gekämpfet:
> Du standst, als Wellen wälzten
> Den Stangen-Hirsch *) zum Sunde;
> Und ich saß, als das Segel
> Den rothen Schnabel in See trieb."

Darauf antwortete der zuletzt gekommene:

> „Beide folgten Björn wir,
> In jedes Brand-Getöse, **)
> Waren rasche Recken,
> Folgten manchmal Ragnarn.
> Bei dem Kampf der Braven
> Im Bolgaralande, ***)
> Ward mir wund die Seite:
> Sitz du über mir, Nachbar!"

Da erkannten sich beide wieder, und waren nun gesellig beim Gastmahle.

---

*) Das rennende Schiff mit seinem Gestänge.

**) Brand bedeutet auch Schwert: wie noch in den Namen Hildebrand, Herbrand. Daher das Ital. brando, nur in dieser Bedeutung.

***) In Bulgarien.

Vierundzwanzigstes Kapitel.

Von einem Holzmanne.

Ein Mann, namens Oegmund, mit dem Beinamen der Däne, war einesmals mit fünf Schiffen ausgefahren, und lag bei Samsey *) im Munarvog. Nun wird erzählt, daß die Küchenknechte ans Land fuhren, Speise zu bereiten; und andere gingen in den Wald, sich zu vergnügen. Dort fanden sie einen alten Holzmann, der war vierzig Ellen hoch und ganz mit Moos bewachsen. Doch ersahen sie seine ganze Bildung, und redeten unter einander, wer wohl diesem großen Götzen geopfert haben möchte. Da hub auf einmal der Holzmann an zu singen:

„Vorlängst war es,   58.
Daß heerfahrteten
Heklings Söhne **)

---

*) Jetzo Samsö.

**) Hekling war, laut der Sage von König Alf und seinen Recken (bei Björner) Kap. 2, ein Seeheld (Wiking), der den König Augvald überfiel und erschlug.

Mit Seeschnäbeln *)
Weit auf salzigem
Weg der Weißlinge **)
Da ward dieses
Dorfs ich Beherrscher.

Und da setzten   39.
An den Strand mich
Die seemächt'gen
Söhne Lodbroks,
Und Blutopfer
Mir gebracht ward
Um Mord, südwärts
Hier auf Samsey.

Soll hier stehn, so   40.
Lang' der Strand trägt
Mich, mit Dornen,
Moos bewachsen:

Der letzte wurde auf Augvaldsnes begraben, und Finn
der Reiche, einer der ersten Anbauer Islands, forschte,
auf der Fahrt dahin, wie lange Augvald schon todt
wäre, und hörte da aus dem Grabhügel eben dieses
Lied singen. — Mit den Heklings-Söhnen sind wohl
unsere Hegelingen in Gudrun verwandt.

*) Schiffen. **) Weißfische: auf dem Meere.

Auf mich triefen
Der Wolken Thränen,
Nirgend schützt mich
Fleisch, noch Kleider."

Dieses kam den Männern dort wunderbar vor, und sie erzählten es nachmals anderen Männern.

———————

Norna = Gests = Saga.

Saga
von Norna=Gest.

Erstes Kapitel.

Norna = Gest kommt zu König Olaf.

Es wird erzählt, daß eines Tages, als König Olaf, Tryggvi's Sohn *), in Thrand= heim **) sich aufhielt, gegen Abend ein Mann zu ihm kam, und ihn ehrerbietig begrüßte. Der König nahm ihn wohl auf, und fragte ihn, wer er wäre. Er antwortete, er heiße Gest, ***) worauf der König sagte:

„Ein Gast bist du hier, wie du auch heißen magst."

---

*) Der als König von Norwegen sich besonders die Ausbreitung des Christenthums angelegen sein ließ: starb im J. 1000.

**) Jetzo Drontheim in Norwegen.

***) Gest bedeutet Gast.

8*

Gest erwiederte: „Ich habe dir meinen wah=
ren Namen gesagt, Herr, und gern möchte ich
deine Gastfreundschaft ansprechen, wenn es mir
vergönnt wäre.“

Der König gewährte ihm seine Bitte; weil
es aber schon spät am Tage war, wollte er nicht
mehr mit ihm reden, sondern ging bald zum
Abendgesange, und dann zu Tische, worauf er
sich zu Bette legte.

In dieser Nacht wachte der König noch auf
seinem Lager und las seine Gebete, während alle
seine Leute im Saale schliefen, da erschien es
ihm, als wenn ein Elfe oder Geist herein kam,
obgleich alle Thüren verschlossen waren. Der=
selbe trat vor das Lager eines jeden, der da
schlief, und zuletzt kam er auch an das Bette ei=
nes Mannes, der zu äußerst lag; da stand er
still und sprach:

„Ein allzustarkes Schloß liegt hier vor ei=
nem leeren Hause, und der König ist in dieser
Hinsicht nicht so weise, wie andere von ihm rüh=

men, daß er der weiseste aller Männer sei, weil er nun so fest schläft."

Darauf verschwand der Geist wieder bei verschlossenen Thüren.

Am folgenden Morgen früh aber schickte der König seinen Kammerdiener hin, zu erforschen, wer die Nacht in jenem Bette gelegen hätte; und er vernahm, daß es der Gest gewesen war. Da ließ der König ihn vor sich rufen, und fragte ihn, wer er wäre. Er antwortete: "Mein Vater hieß Thord, mit dem Beinamen Tingbit, war ein Däne von Geburt, und wohnte in einer dänischen Stadt, die Gräning *) heißt."

"Du bist ein stattlicher Mann," sagte der König zu ihm.

Gest war dreist mit Worten, dabei größer als die meisten anderen Männer, kräftig und doch schon in hohen Jahren: er bat den König um

---

*) Nach welcher wohl der Gräninga-Sund zwischen Seeland, Mön und Falster benannt ist. Wilkina-Saga Kap. 20.

die Erlaubniß, fürder bei seinem Hofgesinde bleiben zu dürfen. Der König fragte, ob er ein
Christ wäre. Gest antwortete, eingesegnet *) wäre
er wohl, aber noch nicht getauft. Der König
sagte darauf, es sollte ihm wohl verstattet sein,
bei dem Hofgesinde zu bleiben: „aber,“ fügte
er hinzu, „nicht lange kannst du ungetauft hier
bei mir sein.“

Aber deshalb hatte der Elfe von dem Schlosse
gesprochen, weil Gest sich am Abend mit dem
Kreuze gesegnet hatte, obwohl er noch ein Heide
war.

Der König fragte: „Kannst du irgend eine
Kunst?“ Gest antwortete, er könne die Harfe
spielen, und wisse Sagen zu erzählen zur Ergötzung der Leute.

Darauf sagte der König: „Uebel thut König Svein **) daran, daß er ungetaufte Leute
aus seinem Lande umhergehen läßt.“

---

*) Isländ. primsigndur, mit dem Kreuze be-
zeichnet.

**) Svein, benannt Tiugusfegg, d. h. Zwie-

Gest erwiederte: „Nicht ist solches dem Dänen-Könige zuzurechnen, denn ich verließ Dänemark schon viel früher, als Kaiser Otto den Dänen-Wall *) zerstören ließ, und den König Harald, Gorms Sohn, sammt Hakon dem Blutjarl **) das Christenthum anzunehmen zwang." ***)

Der König fragte Gest noch allerlei, und dieser gab auf alles gut und verständig Bescheid. Es war, wie gemeldet wird, im dritten Jahre

---

Kelbart, des weiterhin genannten Harald, benannt Blatann, d. h. Blauzahn, Nachfolger im damals schon christlichen Dänemark.

*) In Jütland, wo zwei Meerbusen tief ins Land gehen, und der Zwischenraum durch Wall und Graben, mit dessen Schlössern, verbunden war, meist zwar von Holzwerk, so daß es verbrannt wurde.

**) Hakon, Haralds Jarl in Norwegen, benannt Blutjarl von seinem Eifer für die blutigen Götzenopfer.

***) Otto I. that dieß im J. 962; den Dänenwall zerstörte Otto II. völlig. König Harald wurde 980 von Palnatoki ermordet.

der Herrschaft König Olafs *), daß Gest zu
ihm gekommen. In demselben Jahre kamen zu
ihm auch die Männer, welche Grimer hießen,
und vom König Godmund aus Gläsisvöll
gesendet, dem König Olaf zum Geschenke von
Godmund zwei Trinkhörner brachten, welche auch
Grimer genannt wurden: dieselben Männer
hatten bei Olaf noch mehrere Aufträge, von wel=
chen weiterhin die Rede sein wird **). Jetzt er=
zählen wir von Gest: er blieb bei dem König,
und ihm wurde die letzte Stelle auf der Gäste=
bank angewiesen. Er war ein wohlgesitteter
Mann, und bei den meisten Leuten beliebt und
geehrt.

---

*) Im Jahr 998.

**) Nämlich, in der großen Olaf Tryggvasons = Saga,
von welcher die Nornagests = Saga auch nur ein Theil
ist. Die hier erwähnte Geschichte steht auch gleich
hinter der letzten in Björners Sammlung. Gläsis=
Völl d. h. Glanz=, Elsfeld, in Jötunheim (Nie=
senland) ist das fabelhafte fernste Nordland glückseliger
Menschen, ohne Krankheit und Tod: ähnlich den Hy=
perboräern der Griechen. Vgl. besonders die Hervarar=
Saga.

Zweites Kapitel.

Ulf der Rothe schenkt dem Könige den Ring Hnitud.

Kurz vor dem Julfeste *) kam Ulf der
Rothe mit seinen Gefährten heim. Er war in
Diensten des Königs entfernt gewesen, weil er im
Herbst zum Landwart am Sunde gegen die Ein-
fälle der Dänen bestellt worden. Im Hochwinter
aber pflegte er stets bei dem König Olaf zu sein,
und er brachte dießmal dem Könige manche
Kleinode, welche er im Sommer erworben hatte.
Darunter war ein Goldring, der Hnytud hieß,
der war aus sieben Stücken zusammen genie-
tet **), deren jedes von besonderer Farbe war.
Das Gold daran war weit besser, als an anderen
Ringen. Diesen Ring hatte Ulf von einem Land-
bauer namens Lodmund: zuvor aber hatte den-

---

*) Das Altnordische Neujahrsfest, das mit Weih-
nachten zusammenfiel.

**) Das Nordische Wort Hnyta, wonach der
Ring Hnytud benannt ist, entspricht eigentlich unserm Knütten, durch Knoten verbinden.

selben König Half, nach welchen die Halfs=
Recken benannt und weitberühmt sind, die ihn
mit anderen Kostbarkeiten dem König Halfdan
Ylfing abzwangen *). Lodmund hatte für die=
sen Ring sich von Ulf erbeten, bei König Olaf
zu bewirken, daß er sein Landgut behielte, und
Ulf hatte es ihm zugesagt.

Der König feierte nun zu Thrandheim das
Julfest mit reichlichem Aufwande; und am achten
Tage des Festes überreichte Ulf der Rothe dem
Könige Olaf den Ring Hnytud. Der König
dankte ihm für dieses Geschenk, so wie für alle
die treuen Dienste, welche er ihm stets geleistet
hatte.

Der Ring wurde in der Herberge **), wo
die Männer saßen und tranken, überall umher=
gereicht; denn damals waren in Norwegen noch
keine Trinksäle erbaut. Es gefiel jedermann, und

---

*) Von diesem Könige Half und seinen Recken
giebt es eine besondere Saga, die auch in Björners
Sammlung steht.

**) Gebäude, worin man sowohl schlief als trank.

keiner meinte jemals besseres Gold gesehen zu
haben, als an dem Ringe war. Zuletzt kam er
auch zu der Bank der Gäste, und so zu dem neu
angekommenen Gast. Dieser warf nur einen
Blick darauf, und reichte ihn über die Hand, in
welcher er ein Trinkhorn hielt, weiter. Er fand
nichts großes daran, und sagte nichts über dieß
Kleinod, sondern setzte die ergötzliche Unterhaltung
mit seinen Gesellen fort Ein Diener der Herberge, der bei der Außenbank der Gäste ein-
schenkte, fragte: „Gefällt euch der Ring?"

„Gar sehr," antworteten sie, „nur nicht
dem neu angekommenen Gast, der findet nichts
daran, und wir sehen wohl, daß er sich nicht darauf versteht, und dergleichen Dinge nicht zu
schätzen weiß."

Der Schenke ging hierauf zu dem König,
und sagte ihm diese Rede der Gäste wieder, und
wie der neu angekommene Gast dieses Kleinod
gering achtete, als es ihm gezeigt wurde. Da
sagte der König:

„Der neu angekommene Gast weiß vielleicht

mehr, als ihr denket: er soll morgen zu mir
kommen, und mir allerlei erzählen."

Nun sprachen die Gäste auf der Außenbank
unter sich, und fragten den neu angekommenen
Gast, wo er denn so gutes oder besseres Gold
gesehen hätte.

Gest antwortete: "Weil es euch wunderlich
vorkömmt, daß ich so wenig darüber rede, so
will ich euch sagen, daß ich solches Gold gesehen
habe, das jedermann nicht für schlechter, sondern
für besser, als dieses, erkennen muß."

Da lachte das Hofgesinde sehr, sie meinten,
er sagte es nur zum Spaß, und sprachen:

"Willst du mit uns wetten, daß du eben so
gutes Gold gesehen hast, als dieses hier? Und
wenn du das bewähren kannst, so wollen wir vier
Mark gangbares Silber gegen dein Messer und
deinen Gürtel setzen, und der König soll entscheiden, wer von uns Recht hat."

Gest antwortete: "Das sei ferne, daß ich
mit euch mich in Streit einlasse, und die Wette
nicht annehme, welche ihr mir anbietet: die

Wette soll gelten, und ich will das daran setzen, was ihr verlangt habt, und der König soll entscheiden, wer von uns Recht hat."

Damit endigte sich ihr Gespräch. Gest nahm seine Harfe und spielte am Abend schön und lange darauf, so daß alle mit Lust zuhörten. Da spielte er Gunnars beßtes Lied *), und zuletzt Gudrunens alte Weise **), welche die Leute zuvor noch nie gehört hatten. Darauf gingen Alle schlafen.

Der König stand am Morgen früh auf, hörte die Messe, und als sie zu Ende war, ging er mit seinen Hofeleuten zu Tische. Und als der König auf seinem Hochsitze saß, trat der Gastschenke

---

*) Wohl das, was Gunnar in der Schlangengrube spielte und sang: wie Ragnar Lodbrok. Vgl. Volsunga-Saga Kap. 46. — In der Kopenhagener Ausg. der Edda-Lieder steht ein solches Lied, aber nicht aus alten Handschriften, und mehr als verdächtig.

**) Eins der drei Edda-Lieder von Gudrunens Leid um Sigurdh und ihre Brüder, oder Gudrunar Hvöt, Aufreizung ihrer Söhne zur Rache ihrer Tochter Svanhild. Vgl. Volsunga-Saga Kap. 41. 50.

und Gest mit ihm vor den König hin, und sagte ihm alle seine Reden, und die Wette, welche sie eingegangen hätten.

Der König sagte: „Thöricht dünkt mir eure Wette, daß ihr euer Geld so aufs Spiel setzet; sicherlich ist euch das Getränk zu Kopfe gestiegen; ich hielte es für räthlich, daß ihr eure Wette zurücknähmet, zumal wenn Gest es zufrieden wäre.

Gest antwortete: „Ich bestehe darauf, daß alle unsre Abrede gehalten werde.‟

Da sprach der König: „So scheint mir, Gest, daß meine Leute bei dieser Abrede sich mehr zu nahe gethan haben, als du. Jedoch soll es sich bald ausweisen.‟

Hierauf traten beide wieder ab, und die Männer setzten sich zum Trinken. Und als die Trinktische aufgehoben waren, ließ der König Gest wieder vorrufen, und sprach also zu ihm:

„Jetzo bist du schuldig, irgend ein Gold vorzuzeigen, wenn du dergleichen hast, damit ich eure Wette entscheiden kann,‟

„Wie ihr gebietet, Herr,‟ sagte Gest, und

griff in einen Säckel, welchen er bei sich trug,
zog etwas in einen Knoten Gebundenes hervor,
wickelte es aus, und überreichte es dem Könige.
Der König sah, daß es ein Bruchstück von einem
Sattelringe und vollkommen gutes Gold war.
Er ließ nun den Ring Hnytud herbei bringen,
hielt ihn mit dem Golde zusammen, und sprach
darauf:

„In der That scheint dieses Gold mir bes=
fer, das Gest hier vorgebracht hat; und so wird
es den Meisten scheinen, die es ansehen.“

Viele Hofleute stimmten in den Ausspruch
des Königs ein, und dieser erkannte hierauf Gest
den Wettpreis zu. Die anderen Gäste sahen wohl,
daß sie zu vorschnell mit ihrer Wette gewesen
waren; Gest aber sprach zu ihnen:

„Behaltet euer Geld, denn ich bedarf dessel=
ben nicht: aber wettet nicht öfter mit unbekann=
ten Leuten, denn ihr wisset nicht, ob ihr es nicht
mit jemand zu thun habt, der, beides, mehr ge=
sehen und gehört hat, als ihr. Euch aber danke
ich, Herr, für den Urtheilsspruch.“

Der König sprach hierauf: „Ich verlange nun, daß du sagest, wo du dieses Gold her hast, das du bei dir trägst.“

Gest antwortete: „Ungern thue ich es, weil es den Meisten unglaublich dünken wird, was ich davon zu erzählen habe.“

„Dennoch wollen wir es hören,“ sagte der König, „dieweil du uns zuvor verheißen hast, deine Geschichte zu erzählen.“

Gest erwiederte: „Wenn ich euch erzähle, welche Bewandtniß es mit dem Golde hat, so, meine ich, werdet ihr zugleich noch manche andere Geschichten vernehmen.“

„Kann sein,“ sagte der König, „daß du hierin Recht hast.“

Drittes Kapitel.

Norna-Gest kömmt nach Frankenland.

„So muß ich meine Erzählung damit anheben,“ sagte Gest, „wie ich nach Frankenland zog. Ich wollte die Königshöfe dort kennen lernen, und war neugierig durch den großen Ruhm,

den Sigurdh, Sigmunds Sohn, sich durch
seine Schönheit und Kühnheit erworben hatte.
Es begegnete mir nichts bemerkenswerthes, bevor
ich nach Frankenland und zu König Hialprek*)
kam. Dieser hatte einen großen Hofstaat um
sich, und da war auch Sigurdh, der Sohn Sigmunds, des Sohns Volsungs und der Hjördis, der Tochter Eylimi's **). Sigmund fiel
in der Schlacht gegen Hundings Söhne, und
Hjördis vermählte sich darnach mit Half, Hial-
preks Sohn ***). Dort wuchs Sigurdh von

---

*) Dieser war König von Thjodi, jetzt Thy,
in Jütland (Edda Fab. 72), das damals auch schon
unter dem Namen Dänemark begriffen wurde. Vgl.
Volf. S. Kap. 21, und unten Kap. 8, Str. 11.

**) Er stammte von Lofdi, einem von Halfdans des
Alten neun Söhnen, der sich in Jütland niederließ, wo
Eylima-fjord, jetzt Limfjörd, seines Abkömm-
lings Namen führt.

***) Volsunga-Saga, Kap. 20. — Die weiteren
Hinweisungen auf die entsprechenden Edda-Lieder sind
hier, und bei den folgenden Erzählungen, in der Volf.
S. bemerkt. 9

Kindheit auf, sammt allen *) Söhnen König Sigmunds, die alle andere Männer an Stärke und
Wuchs überragten. Sinfiotli und Helgi,
der den König Hunding erschlug, und daher der
Hundingsmörder benannt ist; der dritte
hieß Hamund. Sigurdh aber war unter diesen
Brüdern der trefflichste; auch ist allgemein bekannt, daß er der edelste und beßte aller Heer-
Könige war, nach der Altvordern Weise.

Da war zu König Hjalprek auch Reigin,
der Sohn Hreidmars, gekommen, der kunst-
reichste aller Männer, von Wuchs ein Zwerg,
aber klug, grimmig und zauberkundig. Reigin
lehrte Sigurdh mancherlei, und liebte ihn sehr.
Er erzählte ihm von seinen Vorältern, und von
den wundersamen Begebenheiten, welche sich da
zugetragen hatten **).

---

*) Dieß ist irrig, da Helgi und Sinfiotli schon
vor Sigurdhs Geburt todt waren (Edda=Lieder IV. V.
und Volf. S. Kap. 18). Hamund wird ebd. nur
genannt: die Verg. Höf. der Edda=Lied. nennt ihn
Hamdir, wie Gudrunens Sohn, Volf. S. Kap. 48.

**) Volf. S. Kap. 22; 23.

Nachdem ich dort kurze Zeit gewesen war, ward ich Sigurdhs Dienstmann, so wie viele andere. Alle liebten ihn sehr, weil er freundlich und leutselig und freigebig gegen uns war.

Viertes Kapitel.

Von Sigurdhs, Sigmunds Sohns, Tapferkeit *)

Da geschah es eines Tages, daß wir zu Reigins Hause kamen; Sigurdh wurde wohl empfangen, und Reigin sang da dieses Lied:

1.   „Hier ist Sigmunds
    Sohn herkommen,
    Der schnelle Degen,
    Zu unserm Saale;
    Kraft hat er mehr, denn
    Ich alter Mann jetzt:
    Fang ich erwarte
    Vom frechen Wolfe." **)

---

*) Dieß und das folgende Kap. enthält das ganze Edda-Lied VII.

**) D. h. ich hoffe Rache an meinem Bruder von Sigurdh; dessen Stammhelden, die Volfungen, auch Ylfingen, deutsch Wölfingen, genant werden Dieß ist noch in Island ein sprichwörtlicher Ausdruck für zuversichtliche Erwartung von jemand.

Und fürder sang er:

2.   „Ich will unterweisen
        Den volkskühnen Weigand:
        Yngvi's *) Kind ist
        Zu mir kommen,
        Der hehrste Held einst
        Unter der Sonnen,
        Dessen Ruhm weit
        Durch die Welt dringt."

Sigurdh blieb seitdem beständig bei Reigin, und dieser erzählte ihm mancherlei von Fafnir, der in Lindwurms Gestalt auf Gnitaheide **)

---

*) Sigurdh stammt von Odhin, dessen Sohn Yngvi, von dem die Schwedischen Ynglinger stammen, eins mit dem Gotte Frei ist. Sonst steht Yngvi, wie auch einer der jüngeren 9 Söhne Halfdans des Alten heißt, auch überhaupt für König, laut Scalda S. 328. Ebenso steht hier für Weigand und Held wieder Gram und Räsir. Vgl. zu Ragn. Lodbr. Saga Str. 2.

**) Nach einer Altnordischen, von Werlauff in Symb. ad Geogr. med. aevi 1821 herausgegebenen Erdbeschreibung (p. 16) bestimmt zwischen Paderborn und Mainz, mit der Bemerkung, daß daselbst Sigurdh den Fafnir erschlagen habe.

lag, und wie ungeheuer groß derselbe wäre *).
Reigin schmiedete für Sigurdh auch das Schwert,
welches Gram heißt: dieses war so scharfschnei-
dig, daß er es in den Rhein-Strom **)
hielt, und ein Flock Wolle vom Strome
dagegen treiben ließ, und so die Welle durch-
schnitten wurde. Sodann zerklöbte Sigurdh auch
mit dem Schwerte Reigins Amboß. Hierauf
reizte Reigin Sigurdhen, seinen Bruder Fafnir
zu erschlagen; Sigurdh aber sang dieses Lied:

5.   „Laut werden Hunkings
        Söhne lachen,
        Die Eylimi's
        Tage verkürzten,
        Wenn mich gelüstet
        Mehr, zu suchen
        Rothe Ringe,
        Als Vaters Rache."

Hierauf rüstete sich Sigurdh zu einer Heer-

---

*) Volf. Saga Kap. 23.
**) So wie Hialprek, den sonst die Nordische Dar-
stellung nach Dänemark setzt, hier König in Frankenland ist, wo Sigurdhs Erbreich, in der Deutschen
Darstellung, bestimmt am Rhein, liegt.

fahrt gegen Hundings Söhne, und König Hialprek gab ihm viel Mannschaft und Kriegsschiffe.
Auf dieser Fahrt begleiteten Sigurdhen sein Bruder Hamund und Reigin; ich war auch dabei,
und man nannte mich da Norna-Gest. König Hialprek hatte mich kennen gelernt, als er
bei Sigmund, Volsungs Sohn, in Dänemark
war. Dort war Sigmund mit Borghild vermählt: er schied sich aber von ihr, weil Borghild seinen Sohn Sinfjötli vergiftete *).
Darnach vermählte sich Sigmund südlich im
Frankenlande mit Hjördis, der Tochter
Eylimi's', welchen Hundings Söhne erschlugen.
Sigurdh hatte also beide, seinen Vater und müt-
terlichen Großvater, zu rächen. Helgi, Sigmunds Sohn, benannt der Hundings-Tödter,
war ein Bruder Sigurdhs **), der nachmals der
Fafnirs-Tödter benannt wurde. Helgi hatte

----

*) Volsunga-Saga Kap. 18., den Sinfjötli hatte
Sigmund früher mit seiner Schwester erzeugt
**) Sein Stiefbruder, da Sigmund ihn und Ha-
mund mit Borghild erzeugte.

den König Hunding und drei seiner Söhne, Ey-
ulf, Herrand und Hjörvard, erschlagen *);
Lingvi mit zwei anderen Brüdern, Alf und
Heming, entrann: diese waren damals als die
tapfersten Helden berühmt, und vor allen Lingvi;
dabei waren sie zauberkundig; sie hatten manchen kleinen König bezwungen, manchen Kämpfer
erschlagen, manche Burg verbrannt, und in Spa-
nienland und Frankenland die größten Verhee-
rungen angerichtet. Damals war aber das Kai-
serreich **) noch nicht über die Gebirge hieher
nach Norden gekommen. Hundings Söhne hatten sich so Sigmunds Reich in Frankenland un-
terworfen, und waren dort mit großer Heeres-
kraft.

---

*) Volsunga-Saga Kap. 26, wo Alf der vierte
ist: wie in den Edda-Liedern, wo der mittlere Her-
varth heißt.

**) Torfäus führt in s. hist. Norv. I, 463.
diese Stelle für die Zeitbestimmung Ragnar Lodbroks an,
weil mit diesem Kaiserreiche Karl der Gr. gemeint
sei.

Fünftes Kapitel.
Schlacht zwischen Sigurdh und den Hundings-Söhnen; Fafnirs und Reigins Tod.

Wir kommen nun darauf, wie Sigurdh sich zur Schlacht gegen Hundings Söhne rüstete. Er hatte starke und wohlbewaffnete Mannschaft aufgebracht. Reigin war bei dieser Heerfahrt mit Rath und That geschäftig. Er hatte sich ein Schwert geschmiedet, welches Ridil *) hieß. Sigurdh bat Reigin, ihm dieses Schwert zu leihen. Das that Reigin, bat ihn aber, dafür den Fafnir zu tödten, sobald er von dieser Heerfahrt zurückkäme; und Sigurdh verhieß es ihm.

Hierauf segelten wir südwärts am Lande hin; da überfiel uns ein ungeheurer, durch Zauberei erregter Sturm, welchen Viele den Hundings-Söhnen zuschrieben. Hierauf segelten wir etwas

---

*) Womit dann Reigin seinem Bruder Fafnir das Herz ausschneidet. Volf. S. Kap. 28. Vermuthlich benannt von rida, unser altes riden, drehen, umschwingen. Nach Edda Fab. 71. hatte Reigin das Schwert Refil, als er sich von Fafnir trennte, der das Schwert Hrotti hatte.

näher am Lande hin, da sahen wir einen Mann
auf einer Bergspitze über den Seeklippen empor-
ragen: er trug eine grüne Jacke, blaue Hosen,
und hoch herauf geschnürte Schuhe an den Füßen, und einen Spieß in der Hand.   Dieser
Mann rief uns an, und sang:

4.   „Wer   dort   reitet
        Räfils   Rosse, *)
        Durch   hohe   Wellen
        Des   hallenden   Meeres?
        Die   Segel-Renner
        Mit   Schweiß   bespritzt   sind:
        Die   See-Mähren   werden
        Den   Wind   nicht   bestehen.“
Reigin antwortete darauf:
5.   „Hier   sind   mit   Sigurdh
        Zur   See   wir   kommen,
        Uns   treibt   ein   Sturm   fort,
        Bis   in   den   Tod   selbst;
        Das   brausende   Meer   steigt
        Ueber   die   Masten;
        Die   Kiel-Pferde   stürzen:
        Wer   frägt   darnach?“

---

*) Räfil war ein berühmter Seekönig; seine Rosse
bedeuten Schiffe: wie die folgenden ähnlichen Ausdrü-
cke. Vgl. Ragnar Lodbroks-Saga Str. 33 — 36.

Der Mann in der Jacke sang:

5. „Hnikar *) hieß ich,
    Als ich Hugin **) ergetzte,
    Junger Völsung!
    Auf der Walstatt.
    Nun magst du den Alten
    Vom Berge mich nennen,
    Feng oder Flösner: ***)
    Ich will mit dir fahren.“

Da steuerten wir ans Land, und alsbald legte
sich das Unwetter. Sigurdh bat den Alten, ins
Schiff zu steigen, das that dieser, und da war
der Sturm vorüber und wehte der günstigste
Wind. Der Alte setzte sich vor Sigurdhs Füßen
nieder, und war sehr behaglich. Er fragte Si=

_____

*) Einer der vielen Namen Odhins; soll Sieger
bedeuten.

**) Einer der beiden Raben Odhins, die ihn stets
begleiten, und ihm alles berichten: die Ergetzung der
Raben sind die Leichen der Walstatt.

***) Ebenfalls Beinamen Odhins, bedeutend der
Gewinnende (Fangende), und der Mehrende (von
Flöt, Viel) oder Vielgestaltige.

gurbh, ob er wohl Rath von ihm annehmen
wollte. Sigurbh erwiederte, er wüßte wohl, daß
er (der Alte) guten Rath geben könnte, wenn er
jemand fördern wollte, und sprach zu dem Mann
in der Jacke:

7. „Sag' du mir das, Hnikar,
  Der du wohl weißt, beides,
  Der Menschen Glück und der Götter:
  Welche sind die beßten,
  Wenn es geht zum Streite,
  Zeichen zum Schwerter-Schwingen. "

 Hnikar antwortete:

8. „Manche sind der guten,
  Wenn die Männer sie wüßten,
  Zeichen zum Schwerter-Schwingen.
  Des Raben treue
  Folge bedeutet,
  Mein' ich, den Sturz des Schwertstamms. *)

---

*) Baum, Stamm steht poetisch für Mann;
wohl, weil das erste Menschenpaar von den Göttern
aus zwei Baumstämmen gebildet wurde. Unser
baumstark bezeichnet auf ähnliche Weise die Festig-
keit, Stämmigkeit. — Für Schwert steht hier
wieder Hrotti: vgl. Ragn. Lodbr. Saga Str. 32.

9. Das ist das andre:
   Wenn du hinaus kommen
   Und zur Fahrt bist fertig,
   Siehst du da
   Stehn im Gespräche
   Zwei ruhmbegierige Recken.

10. Das ist das dritte!
    Wenn du den Wolf
    Unterm Eschenlaub hörst heulen.
    Heil ist dir beschieden
    An behelmten Häuptern,
    Wenn du sie zuvor siehst fahren.

11. Keiner der Männer
    Soll noch kämpfen
    Bei spät scheinender
    Schwester des Mondes: *)
    Sieg die haben,
    Die sehen können
    Zum scharfen Schwertspiel
    Und den Schlachtkeil schaaren **)

---

*) Sol und ihr Bruder Mani wurden von den Göttern an den Himmel versetzt, und mußten den Sonnen- und Monds-Wagen lenken.

**) Die keilförmige Schlachtordnung aufstellen.

12.   Große Gefahr ist,

Wenn du den Fuß stößest,

So zur Schlacht du schreitest:

Trug-Disen *) stehen

Dir zu beiden Seiten

Und wollen dich verwundet sehen.

13.   Gekämmt und gewaschen

Soll jedweder sein,

Und halten sein Mahl am Morgen,

Dieweil ungewiß ist,

Was am Abend kömmt:

Unheil ist, hin zu stürzen.“

Hierauf segelten wir südlich gen Holsetaland **), dann östlich***) nach Frisland, und
landeten dort.

---

*) Ins Verderben führende Schicksals-Göttinnen.

**) Holstein ist entstellt aus Holseten, Hol-
sten, und das durch die Zusammenziehung gedehnte
stên hochdeutsch als Stein misverstanden. Vgl.
Suhm I, 75. — Aus dieser Fahrt erhellet übrigens,
daß Hjalpreks Reich auch in Jütland gedacht wurde, obwohl Frankenland genannt.

***) Torfaei hist. Norv. I, 439 berichtigt dieß
in westlich, aus der ältesten Handschrift der Sä-
mundischen Edda, welche jedoch nichts hievon hat.

Hundings Söhne vernahmen ſogleich unſere Heerfahrt, und ſammelten bald ein zahlreiches Heer. Als wir zuſammenſtießen, erhub ſich ein harter Kampf; Lyngvi war bei allen Angriffen der vorderſte, obſchon auch die anderen Brüder tapfer vorſchritten. Sigurdh aber drang ihnen ſo gewaltig entgegen, daß alles vor ihm zerſtob; denn das Schwert Gram ſchnitt bitterlich, und Sigurdhen mangelte es keinesweges an Muth. Als er und Lyngvi auf einander trafen, wechſelten ſie manchen Hieb, und fochten aufs allerkühnſte. Da ward ein Stillſtand in der Schlacht, weil Alle dieſem Zweikampfe zuſchauten. Es währte lange Zeit, bevor einer dem andern eine Wunde beibrachte, ſo fechtfertig waren ſie.

Darnach drangen Lyngvi's Brüder mächtig vor, und erſchlugen manchen Mann, und jagten andere in die Flucht. Da eilte Hamund, Sigurdhs Bruder, ihnen entgegen, und ich mit ihm, und leiſtete kräftigen Widerſtand. Sigurdhs Kampf mit Lyngvi endigte aber damit, daß Sigurdh ihn gefangen nahm, worauf er in Eiſen gelegt wurde. Als nun Sigurdh zu uns kam, war der Kampf bald entschieden: die Hundings-Söhne und ihr ganzes Heer fielen, mit sinkender Nacht.

Als aber der Morgen anbrach, war der Mann in der Jacke verschwunden, und wurde nicht wieder gesehen; man glaubte, es wäre Odhin gewesen. Es wurde nun besprochen, welchen Tod Lyngvi sterben sollte. Reigin gab den Rath, ihm den Blut-Aar auf dem Rücken zu schneiden *). Da nahm Reigin sein Schwert von mir **), und vollzog dieß an Lyngvi, indem er ihm die Ribben von dem Rückenbein abschnitt und die Lungen da herauszog. So starb Lyngvi mit großer Standhaftigkeit. Reigin sang da:

„Nun ist der Blutaar
Mit breitem Schwerte
Sigmunds Mörder
Am Rücken geschnitten:

---

*) Vgl Ragn. Lodbr. S. Kap. 21.

**) Wol den Ridil, den er Sigurdh geliehen hatte, obgleich dieser im Kampfe den Gram brauchte.

Keinen kühnern
Köhnigssohn *) gab's,
Ins Feld zu reiten,
Hugin **) zu erspeun."

Da wurde große Beute gemacht an kostbaren Kleidern und Waffen: und alles ward Sigurdhs Mannen zu Theil, denn er selber wollte nichts davon haben.

Darnach erschlug Sigurdh den Fafnir, und auch den Reigin, weil dieser ihn verderben wollte. Da nahm Sigurdh das Gold Fafnirs, und ritt damit hinweg; er wurde seitdem der Fafnirstödter benannt. Hierauf ritt er hin auf Hindarheide ***), und fand dort Brynhilden: und es erging zwischen beiden also, wie

---

*) Für König steht wieder Hilmir.

**) Wie oben Str. 3.

***) In den Edda-Liedern VIII, 42, IX, und Volf. S. Kap. 29. Hindar-fjall, Hindar-Berg: der Feldberg mit dem Brunhilden-Bette, in der Nähe von Gnitaheide, wo Sigurdh den Fafnir tödtete, und dann von Hindarberg weiter südlich nach Frankenland zu den Niflungen ritt.

in der Saga von Sigurdh, dem Fafnirs=
tödter, *) erzählt wird.

Sechstes Kapitel.

Schlacht zwischen den Gandalfs=Söhnen und den
Giukungen. Sigurdh erschlägt den Starkvad.

Darnach vermählte Sigurdh sich mit Gu=
drun, Giuki's Tochter, und blieb eine Zeit
lang dort bei seinen Schwägern **). Ich war
auch mit Sigurdh in Dänemark; auch war ich
bei ihm, als König Sigurdh Hring ***) die
Gandalfs=Söhne, seine Schwäger, zu den
Giukungen, Gunnar und Högni, sandte,
und von diesen forderte, ihm Schatzung zu geben,
oder das Kriegsglück zu versuchen, wenn sie ihr
Land wehren wollten. Da steckten die Gandal=

---

*) D. i. die Volsunga=Saga.

**) Volf. Saga Kap. 35.

***) Vergl. Ragn. Lodbr. S. Kap. 2. Von die=
sem Kampfe weiß keine der übrigen nordischen Quellen
etwas, in unserm Nibelungen=Liede entspricht ihnen
ober die Heerfahrt gegen die Sachsen und Dänen.

stugen den Giukungen die Haselruthen zum Kampf=
platz auf der Landmark auf; die Giukungen aber
baten Sigurdh den Fafnirstödter, mit ihnen da=
hin zu ziehen. Er gewährte es, und ich beglei=
tete ihn auch dorthin. Wir segelten wieder nord=
wärts nach Holsetaland und landeten bei
Jarnamodir *); und unweit des Hafens wa=
ren die Haselstauden aufgesteckt, wo der Kampf
ergehen sollte. Da sahen wir manches Schiff
von Norden her segeln, darauf waren Gandalfs
Söhne. Beide Heere rückten nun gegen einan=
der an.

Sigurdh Hring war nicht dabei, dieweil er
sein Land Schweden vertheidigen mußte, wo
die Kuren **) und Kvänen ***) eingefallen

_____

*) Sucht Suhm II, 289 im Ditmarsischen. An
der Mündung lag vormals ein Wald Jarnvith, d.
h. Eisenwald: an den gleichnamigen Wald der Edda
Fab. 10 erinnernd.

**) Deren Name noch lebt in Kurland, Althor=
disch auch Kyrialand, Karollen, genannt.

***) Kvänland ist ein Altnordischer Name für
Finnland, wovon ein Theil noch Cajanien heißt.

waren; auch war Sigurdh damals schon hoch-
bejahrt.

Als nun die beiden Heere aufeinander stießen, erhub sich ein starker Sturm und Blutver-
gießen. Gandalfs Söhne fochten tapfer voran,
dieweil sie beides, größer und stärker als andere
Männer waren.

In ihrem Heere sah man einen gewaltigen
und starken Mann, der schlug alles nieder, Roß
und Mann, so daß nichts vor ihm bestand; denn
er glich mehr einem Riesen, als einem Menschen.
Gunnar bat Sigurdhen, diesem Menschenschreck
entgegen zu treten, weil es sonst nicht gut abge-
hen würde. Sigurdh machte sich nun gegen den
großen Mann auf, und einige Männer mit ihm;
die meisten hatten nicht Lust dazu. Wir erreich-
ten auch bald den ungeheuern Mann, und Si-

Alte schwankende Sage und Ableitung vom Nordischen
kvendi, Weib, machte daraus, bei Paul Warnefrid
(hist. Longob. I, 15), Adam von Bremen (p. 37. 58)
und andern, ein amazonisches Frauen-Volk und Land.
Vgl. Suhm I, 135. II, 289.

10 *

gurdh fragte ihn nach seinem Namen, und wo
er her wäre. Er antwortete, er hieße Starkvad, Sterverks Sohn, aus Fenhring *)
in Norvegen. Sigurdh sagte, er habe von
ihm schon gehört, aber meist nur Böses: „und
solchen Männern soll man nicht sparen Leib an-
zuthun.‟

Starkvad sprach: „Wer ist dieser Mann,
der mich mit Worten so schmähet?‟

Sigurdh nannte seinen Namen, und Starkvad fuhr fort: „Bist du der Fafnirstödter
benannt?‟

„So ist's,‟ antwortete Sigurdh.

Da wollte Starkvad entrinnen; Sigurdh
aber sezte ihm nach, schwang sein Schwert Gram
empor und stieß ihm mit dem Gefäß in die Kinn-
lade, so daß ihm zwei Backzähne heraussprangen:
das war ein schmählicher Schlag. Sigurdh
gebot hierauf dem Hundeferl, sich aus dem
Staube zu machen. Ich aber nahm den einen

---

*) Eine noch so genannte Insel bei Bergen.

Backzahn auf und behielt ihn; er wog sieben Unzen, und hängt nunmehr in Dänemark an einem Glockenstrange, zur Schau und zum Zeugnis für jedermann. Nach Starkvads Flucht, flohen auch Gandalfs Söhne, und wir machten da große Beute *). Darnach fuhr jeder heim in sein Reich, und saß da eine zeitlang ruhig.

Kurz darauf hörten wir von der Unthat Starkvads erzählen, wie er den König Armod im Bade ermordet hätte **)."

---

*) Suhm I, 289, der die Giukungen hier ganz übergeht und bloß Sigurdzen zu Hunsingow ausfordern läßt, giebt diesem dafür den Schleswigischen König Sivald und dessen Schwiegersohn Othor zum Beistande, welcher letzte den Regnald, der den Großvater seiner Frau, namens Högni getödtet hatte, erschlug.

**) Björner setzt neben Armod in Klammern Ali, und Rafn bloß den letzten Namen: gegen die Urschrift, und obgleich Armod nach Suhm II, 291, König von Holland, zu Sigurdh Rings Zeit lebte, während nach demselben I, 333, Ali, König von Lethra, schon im J. 436 von Starkvad im Bade gemordet wurde. Beide

Siebentes Kapitel.

Gest erzählt nun, wie er zu dem Golde gekommen,
welches er zuvor aufgezeigt hatte.

„Eines Tages, als Sigurdh zu einer Ver=
sammlung ritt, da gerieth er in einen Sumpf,
und sein Roß Grani arbeitete sich so gewaltig
heraus, daß der Brustgurt zersprang und der
Ring davon nieder fiel; ich sah ihn im Moder
blinken, hub ihn auf, und reichte ihn Sigurdh:
er aber schenkte ihn mir, und das ist das Gold,
welches ihr vor kurzem gesehen habt. Sigurdh
stieg dann ab, und ich wischte und wusch den

---

gleiche Geschichten sind aber doch wohl nur Eine, so
wie Starkvad selber, und wie Sigurdh, sein Besieger,
der hier, und durch die Verbindung seiner Tochter As=
laug mit Ragnar Lodbrok, Sigurdh Hrings Sohn, die=
selbe Doppelzeitigkeit mit Starkvad theilt. Nornas
Gests 300jähriges Altar, um das J. 1000, rückt auch
alles in die spätere Zeit, um 740, herab. — Andere
Geschichten von Starkvad, welche Suhm dem älteren
zutheilt, erzählt die Hervarar = Saga und die Rolfs = und
Gautreks = Saga. — Ein Held Starker] kömmt auch
in der Ravenna = Schlacht auf Ermenrichs Seite vor.

Schmutz von seinem Roſſe; dabei zog ich ein
Paar Haare aus dem Schwanze deſſelben, zum
Wahrzeichen ſeines Wuchſes."

Zugleich zeigte Geſt dieſe Haare vor, und ſie
waren ſieben Ellen lang.

Da ſprach König Olaf: „Sehr ergötzlich
bedünken mir deine Erzählungen."

Alle lobten hierauf ſeine Geſchichten und
ſeine Bravheit, und der König verlangte, daß
er noch mehr von den Begebenheiten ſeiner
Freunde erzählen ſollte; und Geſt erzählte ihm
da noch mancherlei ergötzliche Dinge, bis ſpät
abends, daß man zu Bette ging.

Aber am Morgen darauf ließ der König den
Geſt wieder rufen: er wollte noch mehr von ihm
hören, und ſagte zu ihm:

„Noch bin ich nicht gehörig über dein Alter aufgeklärt; wie du ſchon ein ſo alter Mann
ſein kannſt, daß du bei dieſen Begebenheiten zu-
gegen geweſen biſt. Du mußt uns noch andere
Dinge erzählen, wodurch wir gewiſſer hierüber
werden."

Gest antwortete: „Ich wußte es wohl vor=
her, daß ihr noch andere Dinge wärdet von mir
hören wollen, wenn ich euch sagte, wie es mit
dem Golde zugegangen wäre."

Der König sprach: „Du mußt allerdings
erzählen." —

Achtes Kapitel.

Sigurdhs und Brynhilds Tod.

„So sage ich denn, daß ich hierauf gen Nor=
den nach Dänemark heimzog, und mich auf
meinem Vatererbe niederließ, nachdem mein Va=
ter plötzlich gestorben war. Kurz darauf vernahm
ich den Tod Sigurdhs und Giuki's, und war
mir das eine schwere Zeitung."

Der König fragte: „Wie kam Sigurdh zu
Tode?"

Gest antwortete: *) „Die Meisten sagen,
daß Guttorm, Giuki's Sohn, ihn im Schlaf

---

*) Das Folgende stimmt auch meist in den Prosa=
sätzen mit dem Edda=Liede XIII. Vgl. Volsunga=
Saga Kap. 40, 41.

auf dem Lager bei Gudrun mit dem Schwerte
durchstach. Die Deutschen Männer dagegen erzählen *), daß Sigurdh draußen im Walde erschlagen wurde. Aber die Schwalben sagten,
daß Sigurdh mit Giuki's Söhnen zu einer Versammlung ritt, und sie ihn unterweges erschlugen. Darin stimmen Alle überein, daß sie ihn
treulos erschlugen, indem er ruhig lag und sich
nichts versah."

Da fragte einer der Hofleute, wie Brynhild
sich dabei gehub.

Gest antwortete: „Brynhild erschlug da
acht ihrer Knechte und fünf Mägde **), durchstach sich selber mit dem Schwert, und gebot, sie
mit diesen Leichen auf den Scheiterhaufen zu legen und zu verbrennen. Für sie und für Sigurdh

---

*) Torfäus weiset schon bei dieser Stelle (hist.
Norv. I, 480) auf die Deutsche Sage der westlichen
Anwohner des Rheins hin.

**) Diese Zahlen stimmen mit den Edda-Liedern
XII. XIV. und Volf. S. Kap. 40. Rafn setzt aus
einer andern Handschrift vier anstatt acht.

ward jedem ein besonderer Scheiterhaufen bereitet, und Sigurdh früher verbrannt, als Brynhild *). Sie wurde auf einem Wagen hinge-
fahren, der war mit Goldgewebe und Purpur um-
hangen und funkelte überall wie Gold, und so
ward sie verbrannt."

Da fragten die Leute, ob Brynhild im **)

---

*) Laut der Edda-Lieder und Bolf. Saga wurden,
auf ihr Geheiß, Alle auf Einer prächtig geschmückten
Flammenbühne verbrannt, und legte sie nur ein Schwert
zwischen sich und Sigurdh.

**) Rafn giebt „nach ihrem Tode," und Finn
Magnussen verweiset (Edda II, 260) auf andre
Nordische Saga's, daß Todte noch gesungen (wie die
Wölva aus ihrem Grabe bei Hel, und Angantyr in
Hervarar-Saga). Die Urschrift drückt sich ganz kurz
aus „Brynhild todt". Laut der Edda-Lieder und
Bolf. S. verwundet sie sich nur tödtlich, und spricht
und weissagt dann noch viel. Von der Fahrt zu Hel
kömmt aber in Bolf. S. nichts vor. — Uebrigens
scheint die Meinung dieses Liedes, daß Brynhild mit
und auf diesem prächtigen Wagen verbrannt worden,
so wie Baldur in seinem Schiffe auf den Scheiterhaufen gesetzt und verbrannt wurde. Edda Fab. 44.

Tode nicht noch etwas gefungen hätte. Er antwortete: „Allerdings.“ Sie baten ihn, es zu
fingen, wenn er es wüßte. Da fagte Geft:

„Als Brynhild nach dem Scheiterhaufen gefahren wurde, kam fie auf diefem Hel-Wege *)
an einigen Felsklippen vorbei, in welcher eine
Gypur oder Riefenweib wohnte. Diefe ftand
in der Höhlenthüre, angethan mit einem Rock
von Fellen, und fchwarz von Antliz; fie hielt
einen langen Baumaft in der Hand, und fprach
alfo:

„Mit diefem hier will ich deinen Scheiterhaufen vermehren, Brynhild! Und beffer wäreft
du lebendig verbrannt für deine Unthaten, daß
du Sigurdh den Fafnirstödter, einen fo berühmten Helden, ermorden ließeft. Oft gedachte ich
feiner, und deshalb will ich mit folchen Rache-
worten dich anfingen, daß du allen noch verhaß-
ter werdeft, die davon fagen hören.“

Hierauf fangen beide, Brynhild und die Riefinn, gegen einander, und zuerft fang die Riefinn:

*) Weg zu Hel, der Todesgöttinn.

1. Du sollst nimmer
   Durch mein Haus hier,
   Das von Steinen
   Gestützte, gehen.
   Besser dir ziemte,
   Borten zu wirken,
   Als den Gatten
   Der Andern *) begehren.

2. Was doch solltest
   Du verderblich,
   Unstät Haupt, hier
   In meinem Hause?
   Du hast den Wölfen,
   Must du's wissen,
   Oft zum Mahle
   Mannsblut gegeben." **)

Da sang Brynhild:

3. „Höhne mich nicht,
   Weib aus der Höhle,
   Daß ich zuvorderst
   War in Heerfahrten:
   Ich werd' unser beider
   Die bessere dünken

---

*) Sigurdhen, Gudrun's Gatten.
**) Als streitbare Schildjungfrau, vor ihrer Verlobung mit Sigurdh.

Dem der erkennen
Kann meinen Adel!"

Die Riesinn sang:

4.   „Du bist, Brynhild
Buthli's Tochter,
Nur zum Weh auf
Der Welt geboren:
Du hast Giuki's
Kinder verderbet,
Und ihr hohes
Haus gestürzet." *)

Brynhild sang:

5.   „Wahrlich will ich
Ein Wort dir sagen,
Arglistig Haupt, willst
Du es wissen:
Es machten Giuki's
Söhne mich meiner
Liebe verlustig
Und eidbrüchig. **)

---

*) Weissagung des folgenden Untergangs der Giu-
kungen oder Niflungen bei Atli, Brynhilds
Bruder, der zugleich die Schwester rächte.

**) Die Liebe und das Verlöbnis mit Sigurdh.
Wolsunga-Saga Kap. 29. 32.

6. Leidvoll der hehre
    König ließ mich,
    Atli's Schwester,
    Unter der Eiche
    Wohnen *): Zwölf Winter
    War ich, das wisse,
    Da ich dem jungen
    Degen **) den Eid schwur.

7. Mich hießen Alle
    In Hlymdalen ***)
    Hild ****) unter Helme,
    Wer mich kannte, *****)

---

*) Worauf sich dieß bezieht, ist dunkel; auch in der abweichenden Lesart der Edda-Lieder. Es scheint, wie die andere Hälfte der Str., Vorgriff, daß Sigurdh sie, nach der ersten Trennung in Leid zurückgelassen.

**) In der Urschrift wieder Gram: wie Kap. 4, Str. 3.

***) Wo Heimir, Brynhilds Schwager, wohnte, bei dem sie sich aufhielt. Volf. S. Kap. 32, 36, 39, unten Str. 11.

****) Hild, die Tochter Hedins (unsere Hilte im Gudrunen-Liede) ist die Nordische Kriegsgöttinn. Das Wort bedeutet zugleich Krieg.

*****) Diese Halbstrophe haben nur die Edda-Lieder.

8. Bald ließ den alten
   Bruder der Riesinn
   Hjalmgunnar ich
   Wandern zu Hel hin,
   Gab Sieg Auda's
   Jungem Bruder:
   Drob ergrimmte
   Gegen mich Odhin: *)

9. Umschloß mit Schilden
   Im Königswald **) mich,
   Mit rothen und weißen,
   Versenkt' in den Schlaf mich; ***)
   Gebot, der sollte
   Allein ihn brechen,
   Der stets furchtlos
   Würd' erfunden.

---

*) Der dem ersten Sieg verheißen hatte. Volss. S. Kap. 29.

**) In der Urschrift Skata-lundi, vielleicht Eigenname. Diese Schild-Burg und Flammenmauer stand auf dem Hindar-Berge in Frankenland. Vgl. zu Kap. 5.

***) Durch den zauberischen Svefnthorn, Schlafdorn. Volss. S. Kap. 29.

10.   Um meinen Saal ließ
       Er gen Süden
       Hoch den Vertilger
       Des Holzes *) entbrennen:
       Da sollte der Degen
       Allein durch sprengen,
       Der mir brächte
       Fafnirs Bette. **)

11.   Da ritt der gute
       Goldspender auf Gravi ***)
       Hin, wo mein Pfleger ****)
       Hauste und herrschte:
       Erschien dort herrlich

---

*) Das Feuer der zauberischen Wabeloh e. Eddas Lieder VIII, 42. Vgl. Grimm deut. Sagen I, 369, und Finn Magnussen zu Edda II, 878.

**) Das Gold, worauf Fafnir als Lindwurm lag: besonders den verhängnisvollen Andvari's-Ring, durch welchen der Fluch auf diesem Horte ruhte, bei dem er lag, und welchen Sigurdh Brynhilden zur Verlobung gab. Vols. S. Kap. 32. 36.

***) Sigurdhs Roß. Vols. S.

****) Heimir, ihrer Schwester Mann. Er war dann auch ihrer Tochter Aslaug Pflegevater. Vols. S. — Kap. 22.

Und hehr vor Allen,
Der Dänen - Recke. *)

12.   Mit Lust wir schliefen
Auf Einem Lager,
Als wenn mein Bruder
Geboren er wäre:
Keiner von beiden
Konnt' um den andern
In acht Nächten **)
Schlinge die Arme.

---

*) Weil er in Dänemark bei Hjalprek erzogen war. K. 3.

**) Als Sigurdh, in Gunnars Gestalt, sich mit
Brynhild vermählte: Vols. S. Kap. 38, wo es jedoch
nur drei Nächte sind, und das Beilager durch das
trennende Schwert (wie noch bei fürstlichen Vermäh-
lungen durch Gesandte), anderweitig bestimmt ist. Aehn-
liche Sitte durch sieben oder drei Probe-Nächte, herrscht
aber noch hie und da beim Landvolk in Dänemark,
Schweden und Norwegen, wo Unkeuschheit darin be-
straft wird. Vgl. Finn Magnussen zu Edda Saemund
II, 266. 937.   Der Kiltgäng in der Schweiz gehört
auch hieher; und im Mittelalter, wo es sogar eine
bedenkliche Probe der geistlichen Ascetik war, kommen
mehrere ähnliche Züge vor, z. B. die „hohe Aventüre‟
in König Wenzels von Böheim schönem Minnegesange.
Auch im Morgenlande, bei den Afghanen, hat Elphin-
stone (Reise I, 287) dieselbe Sitte bemerkt.

11

13.　Drum schmähe mich Gudrun,
　　Gjukï's Tochter,
　　Daß ich in Sigurdhs
　　Armen geschlafen:
　　Da ward ich das inne,
　　Was ich nicht wollte,
　　Daß man mich täuschte
　　Bei der Vermählung.

14.　Noch lange werden
　　Zu schweren Leiden
　　Weiber und Männer.
　　Zur Welt geboren.
　　Wir, ich und Sigurdh,
　　Werden nimmer
　　Fortan uns scheiden:
　　Versink, du Riesenbrut!"

Da stieß das Riesenweib ein fürchterliches Geschrei aus, und lief in den Berg."

Hierauf sagten die Hofleute des Königs: „Das vergnügt uns, erzähle uns noch mehr."

Der König aber sprach: „Es ist nicht nöthig, noch mehr dergleichen zu erzählen." Darauf wandte er sich zu Gest und fragte: „Warst du auch bei Lodbroks Söhnen?"

„Nur kurze Zeit war ich bei ihnen," antwortete Gest: „ich kam zu ihnen, als sie an dem Mundjo-Gebirge *) heerfahrteten und Bifilsburg niederbrachen. Da war alles in Schrecken vor ihnen, weil sie überall sieghaft waren, wohin sie nur kamen; und sie gedachten damals, auch gen Romaburg zu ziehen. **) Da trat aber eines Tages ein Mann vor König Björn Eisenseite und begrüßte ihn. Der König nahm ihn wohl auf, und fragte ihn, von wannen er käme. Jener antwortete, er käme

---

*) Mundjo oder Mundjosfjall (Berg) bezeichnet die Alpen, wie aus dem zur Ragnar-Lodbroks-Saga Kap. 13 angeführten Altnordischen Wegweiser klar ist, wo Bivilsborg in der Nähe von Bepay steht, bei welchem die Wege aus verschiedenen Ländern über Mundjosfjall, namentlich über den Bernhard, zusammenlaufen, und der ganze Bergzug von Venedig an so heißt. Der Name ist aus dem Romanischen monte im vorzüglichen Sinne, wie noch in tra-montana und im Altdeut. Cremundan, Tri-montane, für Polarstern.

**) Ragnar Lodbr. S. Kap. 14.

von Süden her; aus Romaburg. Da frägte der
König, wie weit bis dahin wäre. Der Mann
antwortete:

„Sieh hier, König, meine Schuhe, die ich
an den Füßen trage." Zugleich zog er seine Ei-
senschuhe von den Füßen, die waren oben sehr
dick, aber unten ganz verschlissen: „so weit ist,"
fuhr er dann fort, „von hier bis nach Romaburg,
wie ihr an diesen Schuhen sehen könnet, daß sie
es kaum ausgehalten haben."

Da sagte Bejörn: „Allzuweit ist der Weg
dahin; wir wollen wieder umkehren und nicht
in das Römerreich heerfahrten."

Das thaten sie auch, und zogen nicht fürder.
Es bedünkte aber jedermann verwunderlich, daß
sie auf Eines Mannes Worte so plötzlich ihren
Sinn änderten, da sie zuvor so fest entschloffen
waren. Lodbroks Söhne zogen also heim, und
heerfahrteten nicht fürder in Süden "

Da sprach der König Olaf: „Es ist ein-
leuchtend, daß die heiligen Männer in Rom ihren Heerzug dahin nicht wünschten, und es muß

ein von Gott gesandter Geist gewesen sein, daß sie so plötzlich ihren Vorsatz aufgaben, damit die heiligste Stadt Jesu Christi, Romaburg, nicht der Verwüstung ausgesetzt würde."

Neuntes Kapitel.

Norna-Gests Erzählung von verschiedenen Königen.

Weiter fragte der König Gesten: "Bei welchem von allen Königen, zu denen du gekommen bist, hat es dir am beßten gefallen?"

Gest antwortete: "Bei Sigurdh und bei den Giukungen hatte ich die meiste Freude; bei Lodbroks Söhnen aber konnte jedermann am freisten nach seinem Gefallen leben. Bei Eyrek in Upsal *) war das größte Wohlleben; Harald-Schönhaar **) aber hielt mehr

---

*) Seit Björns Sohn Eyrek II. herrschten noch mehrere dieses Namens in Schweden: Eyrek V. war Harald Schönhaar's Zeitgenoß. Berühmter ist Eyrek VI. benannt der Siegreiche, seit 964.

**) Der bekannte erste Oberkönig von Norwegen, Ragnar Lodbroks Urenkel, durch den sich auch das Norwegische Königshaus, so wie das Normännische,

als alle vorgenannten Könige auf Hoftätte.
Ich war auch bei König Hlaudver in
Sachsenland *), und wurde daselbst zum
Christen eingesegnet; denn ich durfte sonst nicht
da bleiben, weil dort das Christenthum vor allen
geehrt wird, und da gefiel es mir am meisten."

Der König sagte darauf: „Du kannst uns
also noch mancherlei erzählen, wenn wir dich darüber befragen."

Er fragte nun auch noch manches, und Gest
gab ihm über alles genau Bescheid, und beschloß
seine Erzählung mit den Worten:

„Jetzo will ich euch erzählen, warum ich
Norna-Gest genannt werde."

Der König sagte, er möchte es gern hören.

---

auf den alten Heldenstamm stützt. Vgl. meine Vorr.
zu Volf. Saga S. XV.

*) Wohl irgend ein Lothar, vielleicht gar der
Sächsische Herzog, und seit 1125 Deutscher Kaiser, Lo-
thar II. Erinnert sonst auch an den Sachsenkönig
Fludeger im Nibelungen-Liede.

Zehntes Kapitel.

Von Geſts Geburt, und wie er den Namen Norna=
Geſt bekam.

„Das geſchah, als ich bei meinem Vater in
der Stadt Gräning *) anfwuchs. Mein Vater
war reich an Geld und Gut, und lebte reichlich
in ſeinem Hauſe. Da zogen wahrſagende Weiber
durchs Land, welche Völven **) genannt wur=
den, und den Leuten ihr Lebensalter weiſſagten,
weshalb dieſe ſie zu ſich ins Haus luden, ſie gaſt=
lich bewirtheten und ihnen beim Abſchied Ge=
ſchenke gaben. Mein Vater machte es auch ſo,
ſie kamen mit großem Gefolge in ſein Haus, und
ſollten mein Schickſal weiſſagen. Ich lag in der
Wiege, als dieß vorgehen ſollte, und zwei Wachs=
lichter brannten neben mir. Da huben ſie ihren

----

*) Vgl. zu Kap. I.

**) Vala (Genit. Völu) Valva, Völva;
vermuthlich von velja, wählen, beim Looſen. Die
bedeutſamſte iſt jene alte Völva, die aus ihrem Grab
an Hels Thor, den Göttern ihr Schickſal weiſſagt, in
dem Edda=Liede Völuſpa.

Spruch an, und weissagten mir, ich würde glück-
licher werden, als alle meine Vorältern, und als
die Söhne der Häuptlinge im Lande, und versi-
cherten, es würde mir in allen Dingen wohl ge-
lingen.   Der Völven oder Nornen *) waren
drei, und die jüngste derselben bedünkte sich von
den anderen beiden nicht genugsam geehrt, weil
jene sie bei einer Weissagung von solcher Wich-
tigkeit nicht befragt hatten.   Zugleich hatte sich
eine Menge loses Gesindel herzu gedrängt, welche
sie von ihrem Sitze stießen, so daß sie zu Boden
fiel.   Hierüber ward sie äußerst entrüstet, rief
laut und zornig drein,   und gebot,   mit den
mir so günstigen Weissagungen inne zu halten:
„denn ich bescheide ihm: daß er nicht länger leben soll, als die hier bei dem Knaben angezün-
dete Kerze brennet. **)

----

*) Die Ableitung ist dunkel.   Bekannt sind die
drei allgemeinen Nornen Urd, Verdandi, Skuld,
Vergangenheit, Gegenwart, Zukunft. Edda Fab. 16.

**) Die Aehnlichkeit mit der Fabel von Meleager
ist nicht zu verkennen.

Hierauf ergriff die ältere Völva die Kerze, löschte sie aus, und gab sie meiner Mutter, dieselbe aufzubewahren und nicht eher anzustecken, als am letzten Tage meines Lebens. Dann gingen die Wahrsagerinnen weg, nachdem sie die junge Norne gebunden und abgeführt, und mein Vater ihnen beim Abschiede reiche Geschenke gegeben hätte.

Als ich nun völlig erwachsen war, übergab meine Mutter mir selber diese Kerze zur Verwahrung, und ich führe sie stets bei mir."

Der König fragte hierauf: „Was führte dich nun zu uns her?"

Gest antwortete: „Es kam mir in den Sinn und ich bedachte, ob mir nicht hier bei euch irgend ein Glück beschieden wäre, dieweil ihr mir von braven Männern hoch gerühmt worden."

Der König fragte: „Willst du nun die heilige Taufe annehmen?"

Gest antwortete: „Das will ich, nach eurem Rathe, gern thun."

Solches geschah denn auch, und der König

hatte ihn sehr lieb, und nahm ihn unter sein
Hofgesinde auf. Gest war auch ein treuer Die=
ner, und beobachtete fleißig die Hofsitte; zugleich
war er beliebt bei jedermann.

Eilftes Kapitel.

Von Norna=Gests Lebensflicht und Tod.

Eines Tages fragte der König Gesten: „Wie
lange willst du noch leben, wenn es in deiner
Macht steht?"

Gest antwortete: „Nur noch kurze Zeit,
wenn es Gottes Wille ist."

Der König sprach: „Wie lange würde es
noch währen, wenn du deine Kerze anstecktest?"

Gest zog hierauf die Kerze aus seinem Har=
fenkasten *). Der König gebot, sie anzuzünden;
das geschah, und die Kerze brannte schnell auf.
Da fragte der König Gesten: „Wie alt bist du
jetzt?"

---

*) Darin trug Heimir sogar die kleine Aslaug über
Land und Meer. Volf. S. Kap. 52.

„Ich bin nunmehr dreihundert Winter alt,“ antwortete er.

„So bist du gar alt,“ sagte der König.

Gest legte sich da nieder, und bat, ihm die letzte Oehlung zu geben. Die ließ ihm der König geben, und als dieß geschehen, war nur noch ein wenig von der Kerze übrig. Zugleich sah man, daß es mit Gest zu Ende ging, und sobald als die Kerze verbrannt, war auch Norna-Gest verschieden.

Sein Tod war Allen sehr merkwürdig; und der König, dem auch seine Erzählungen sehr merkwürdig waren, fand darin die Bewährung seiner Lebensgeschichte, wie er sie erzählt hatte.

Hiemit endet die Saga von Norna-Gest.

Für
Freunde Altdeutscher und Altnordischer Literatur.

1) **Gottfried's von Straßburg Sämmt-liche Werke**, mit Einleitung und Wörterbuch, herausgegeben von Fr. H. von der Hagen. 2 Bde. Enthält: Tristan und Isolde. Mit Abbildungen, nach einem Bilde im Münchner Codex, gezeichnet von Stahl in Cassel, gestochen von Meyer in Berlin. gr. 8. Druckpapier.   3 Rtlr. 18 gr.
   Jetziger Subscriptions-Preis 1 Rtlr. 18 gr.

2) **Hagen, Fr. H. v. der, Briefe in die Heimat aus Deutschland, der Schweiz und Italien. 4 Bde.** Mit Abbild. 8. geh. 5 Rtlr. 20 gr.
   Jetziger Subscriptions-Preis 2 Rtlr. 16 gr.

3) **— — Die Nibelungen, ihre Bedeutung für die Gegenwart und immer.** 8. geh. 1 Rtlr. 4 gr.
   Jetziger Subscriptions-Preis   8 gr.

4) **— — Nordische Heldenromane. 1r—3r Bd. Wilkina- und Niflunga-Saga oder Dietrich von Bern und die Nibelungen.** 8.   4 Rtlr.
   Jetziger Subscriptions-Preis   2 Rtlr.

5) **— — Nordische Heldenromane. 4r Bd. Völsunga-Saga, oder Sigurdh der Fafnirstöd-ter und die Niflungen.** 8.   1 Rtlr. 3 gr.
   Jetziger Subscriptions-Preis   16 gr.

6) **— — Irmin, seine Säule, seine Straße und sein Wagen.** Einladung zu Vorlesungen über Altdeutsche und Altnordische Götterlehre. gr. 8. geh.
                                12 gr.
   Jetziger Subscriptions-Preis   4 gr.

Buchhandlung **Josef Max und Komp.**
in **Breslau.**